Querido Julián

Cartas de Bienvenida al Mundo

Mariana Calleja Ross

Primera Edición: Abril 2022
Segunda Edición: Noviembre 2023

ISBN: 9798447194505

Diseño de Portada: Mariana Calleja Ross
Edición Versión en Español: Mariana Calleja Ross
Edición Versión en Inglés: Mike Sowden
Imprenta: Amazon KDP

Contacto: mcallejaross@gmail.com

Reservados todos los derechos de autor. No se permite reproducir, almacenar en sistemas de recuperación de la información ni transmitir alguna parte de esta publicación, cualquier que sea el medio - electrónico, fotocopia, grabación, etc. sin el permiso previo de los titulares de los derechos de propiedad intelectual.

©2023 Mariana Calleja Ross

A Papi & Mami

Por ser los canales de amor más perfectos en mi camino por éste mundo. Por siempre cuidarme y guiarme incondicionalmente, por amarme de formas más allá de mi deseo e imaginación. El amor más grande será el de quienes nos dieron la vida. Gracias a los dos, por estar conmigo en esta experiencia humana.

A Mis Sobrinos

Por recordarme un mundo de maravillas que había olvidado en el camino. Deseo que nunca olviden la magia, y que permanezcan siempre abiertos a las señales que les recordarán su propia luz en este hermoso camino de la vida.

¿Qué Encontrarás en Éste Libro?

Prólogo

Cómo leer este libro

Capítulo 1: Cómo comienza todo

Capítulo 2: Cómo vivir

Capítulo 3: El lugar en el que vivimos

Capítulo 4: Quiénes son todas estas personas

Capítulo 5: Cómo nos relacionamos unos con otros

Capítulo 6: Qué es la felicidad

Capítulo 7: Lo que une todo

Capítulo 8: Ésta cosa llamada Vida

Epílogo

PRÓLOGO

Querido Julián:

Nací igual que vos, en una fresca mañana en este mismo hospital hace treinta y seis años exactamente. Había también médicos y enfermeras, me ha contado mi mamá (tu Tita Patty). Me contó que estaban en una cena con amigos la noche anterior, como si supieran que poco después estarían celebrando la llegada de un pequeño paquetito de amor.

Se despertaron temprano ese día para ir al hospital sabiendo que pronto me tendrían en sus brazos. Aparentemente fue una llegada serena y tranquila, y de repente ahí estaba yo: 48 cms y 3,5 kilogramos de pura inocencia y amor.

Por supuesto, no hay nada que yo pueda recordar de ese día o momento, pero afortunadamente tenemos historias que nos transmiten nuestros seres queridos, envueltas en amor, que perduran toda la vida.

Estoy segura de que muchos contaremos y recordaremos tu propia historia de cómo llegaste al mundo, querido Julián. Tengo la intención de recordártelo (mi versión) con tanta frecuencia como pueda y tantas veces como querás escucharla.

Esa es una de las razones por las que hice este pequeño libro para vos, en el que intentaré contarte algunas historias que te ayudarán a guiarte a lo largo de la vida, y para que en el camino podás desarrollar un corazón sabio, tranquilo y lleno de amor; tanto como yo pueda ayudarte, basada en mis propios pensamientos y experiencias en estos mis primeros 36 años de vida.

Sabés, querido Julián, tomar notas es algo maravilloso porque te permite capturar no solo momentos como lo hacen las fotos, sino también sentimientos y pensamientos. Soy una gran fan de hacer eso. Cuando aprendás a escribir y a comunicarte a través de éste juego de organización de palabras, es muy posible que te enamorés de escribir tus pensamientos y sentimientos, al igual que yo. Cuando escribimos, estamos viviendo y entendiendo la vida al mismo tiempo. Es hermoso y los recuerdos que crearás vivirán para siempre.

Cualquiera que sea tu forma de vivir y de amar la vida, sólo asegurate de que sea realmente *tu* manera y la de nadie más. Una forma que se sienta cálida y real en tu corazón en todo momento. Una que te haga sentir bien, con vos mismo en primer lugar, y luego con todos los que te rodean.

Tendremos conversaciones más profundas más adelante en tu vida, querido Julián, pero aún así es importante mencionarte todas estas cosas lo antes posible. Hay tanto que estoy a punto de compartir con vos, que al final sólo deseo que este librito hecho con amor sea una pequeña guía que te acompañe mientras navegás por tu propio camino. Siempre habrán días buenos y días no tan buenos, pero no importa qué tipo de día sea, y no importa en qué página del libro estés, el amor será siempre la luz principal y constante en todo esta historia, tu historia.

Celebro tu vida, mi pequeñito.

Con cariño,
Tía Mariana

CÓMO LEER ESTE LIBRO
(Una Introducción)

---

1. Para Los Más Pequeños

¡Hola, pequeño/a!

Estoy súper feliz de que estés aquí y listo para tomar este librito que hice para vos, sí, para *vos*. Probablemente alguien que te ama mucho está leyéndote este libro en la comodidad de tu camita, mientras estás envuelto en una manta calientita, o tal vez estés leyendo por tu cuenta en el rincón más acogedor de tu dormitorio. De cualquier manera, ¡estoy orgullosa y feliz por vos!

Verás, la vida es un viaje. No es solo una cosa que venimos a hacer aquí. La vida no es algo que nos pasa, sino es algo que tenemos que salir y crear, y al principio es difícil saber por dónde empezar. Es normal.

¡Este pequeño libro te enseñará por dónde empezar!

La vida es un viaje en el que tendrás sorpresas inesperadas, felicidad, obstáculos y mucho más. Estás descubriendo y empezando a comprender qué es todo esto, cómo se siente y cómo funciona. Hay mucho más que irás experimentando a medida que vayás creciendo. Y este librito quiere estar con vos en ese viaje para recordarte lo bien que está todo, cómo siempre estarás bien y cómo siempre podrás sentirte bien en todo momento y en cualquier lugar del mundo. ¡Sí, en casa y en el mundo! Emocionante, ¿verdad?

Quiero que este libro sea uno que podás llevar con vos en todo momento y en cualquier lugar, siempre a tu lado cuando lo necesités. Quiero que este libro te recuerde tu propio poder, que te recuerde todo el amor que te rodea y cómo estas son las cosas más importantes que debés saber sobre vos mismo y sobre la vida.

Sería maravilloso si pudieras leer este libro en buena compañía, con tu almohada favorita y una manta bien calientita mientras estás en tu rincón favorito de la casa, y por qué no, tal vez incluso con un biberón lleno de leche tibia (¡o *mejor que sea leche con chocolate, mamá y papá!*). Mientras leés este libro, no dudés en hacer preguntas. ¡Tendrás muchas! Y eso es perfecto. Preguntalo todo y dejá volar tu imaginación.

Tal vez querás meterte dentro de un enorme y suave castillo de almohadas y esconderte allí mientras lees, o tal vez querás abrazar a tu mascota, a mamá y / o papá en el sofá, o tal vez querás llevarlo a la escuela y pedirle a tu maestro/a que lo lea en clase para todos.

Decidás lo que decidás, este libro es para vos y quiere que seás feliz. Esto es lo más importante que quiero que sepás y que recordés.

En este pequeño libro aprenderás cómo llegaste al mundo y cómo aprendiste a descubrir tu lugar en él. Te contará sobre momentos importantes que no podrás recordar. Esto sucede porque es muy, muy difícil recordar cosas de los primeros meses y años de nuestra vida. Nos pasa a todos, no te preocupés.

La vida no tiene instrucciones específicas, pero hay muchas ocasiones en las que un conjunto sincero de notas sobre diferentes situaciones nos hará sentir cosas (emociones), ya sea de niños o eventualmente de adultos, y que serán útiles, alentadoras, de apoyo y también de alivio. Este libro quiere ser esa guía, arrojando luz en la oscuridad. Quiere que te sintás bien de quién sos, del lugar en el que estás y hacia dónde vas. Quiere ayudarte a comprender cómo funciona todo mientras vas viviendo, dándote algunas herramientas básicas para que podás crecer con él.

La vida es un regalo y todos estamos aquí para vivirla, en diferentes edades, momentos, lugares y épocas. Sin importar dónde vivís, qué idioma hablás o con quién vivís, quiero que este libro sea absoluta y exclusivamente *tuyo*. Deseo que este tesoro se convierta en ese lugar especial donde estarán tus pensamientos y sentimientos mejor guardados, ese lugar donde vive tu felicidad, y en donde te sentirás tan querido que recordarás siempre tu propia luz y el gran brillo que le regalás al mundo por ser simplemente VOS.

Siempre debés saber que sos increíblemente amado, absolutamente especial y, sobre todo, *único*. Capaz de hacer las cosas más increíbles para disfrutar de la vida. Que siempre sos apoyado y amado, incluso cuando parece imposible o improbable. El amor real está adentro tuyo y este librito siempre te lo recordará. Sos más que suficiente y siempre lo serás. Debés creerlo vos mismo, lo irás aprendiendo y siempre que sintás que se te olvida, la vida y esta pequeña guía te lo recordarán.

Sos puro amor, y el amor siempre te encontrará.

Me siento muy afortunada de estar aquí con vos, pequeño/a. ¡Tomá esa leche calientita con chocolate, abrazá esa manta y preparate para seguir leyendo!

Con cariño,
Tía Mariana

2. Para Los Más Adultos

¡Hola!

Gracias por estar aquí en éstas páginas que estás a punto de leer. Puede ser que le estés leyendo en voz alta a tu pequeño, antes de irse a dormir; o puede ser que lo estés leyendo para vos mismo porque alguien te dijo que éste librito es tanto para niños como para adultos.

Cualquiera que sea el caso, ¡me encanta tenerte aquí!

Al leer este libro, quiero que siempre usés el nombre de tu pequeño (o el tuyo) cada vez que se menciona el nombre de *Julián*. Escribí este libro para mi sobrino en su primer cumpleaños, y está basado en todos los momentos, experiencias y lecciones que aprendí mientras lo veía crecer en su primer año de vida. Me permitió recordar y revalorar lo que realmente vale en la vida. Este libro tiene mucho corazón, más de lo que nunca había escrito hasta ahora.

A medida que avancés, quiero que te asegurés de hacer èste libro algo muy personal, muy tuyo; de sentirlo, de profundizar en vos mismo/a con cada palabra y, tal vez, de usarlo para descubrir y romper tus propias barreras internas que puedan parecerte un desafío, sean las que sean.

Como adultos hemos vivido cosas que nuestros pequeños no han aún vivido. Nosotros ahora sabemos sobre sentimientos más complejos, como el dolor o el sufrimiento, de una manera en que ellos no lo saben aún. A veces tendemos a olvidar, a confundir y, sobre todo, a complicarnos demasiado (porque a los adultos nos *encanta* complicar las cosas, cierto?). Todas estas son cosas precisamente que este pequeño libro quiere recordarte, y hacerte saber que está bien volver a lo básico. A lo simple, al disfrute, a la felicidad y al momento como lo hacen los niños. ¡Que ellos sean nuestra herramienta más hermosa para recordar cómo es vivir y disfrutar!

Este será un libro feliz, te lo aseguro. Pero también puede ser un mix desafiante y hermoso, amargo y dulce, revelador o difícil en algunas partes. Algunas cosas te resonarán y otras no. Por favor, leelo con mente y corazón abiertos. Leelo libre y amorosamente, y descubrí lo que éstas páginas quieren decirte.

Querido Julián es un libro para toda la vida, para recordarnos a todos lo que es realmente importante y cómo todo importa, desde lo más pequeño hasta lo más grande, lo encantador y lo doloroso, lo triste y lo feliz.

Todo es parte de este gran recorrido. Este libro ha sido creado para llegar a los rincones de nuestro corazón que nunca antes habíamos conocido. Este libro quiere ser tu guía, tu compañero. Para vivirlo por tu cuenta y también para compartirlo, sea con tus hijos, tus sobrinos, tus estudiantes, tus vecinos, tus primos o cualquier niño esperando con una sonrisa la esperanza en algún lugar del mundo.

Quiero que vos, querido adulto, también usés *tu* nombre en todo momento y que realmente sintás el poder que tiene ser VOS, sintiendo todo el amor y abrazando todo lo que la vida te ha traído. Todo ha sucedido tal y como era necesario para que pudieras llegar a este momento, a este punto de tu vida, listo para recordar tu valor, tu poder y tu fuerza.

Al hacer esto, tus hijos verán en vos cómo se vive la vida. Ellos aprenderán a vivirla de lo que vean en tu forma de vivirla. Somos su ejemplo. Viven y aprenden a través de nosotros. Pero nunca olvidemos cómo gira la rueda, mientras ellos aprenden de nosotros, nosotros vivimos y aprendemos a través de *ellos* a medida que avanzamos juntos.

Recordá siempre el poder de honrarte a vos mismo. Ésto solo se expandirá en forma de amor a todos los que te rodean. Así todos envejecemos más sabios y juntos.

11

Espero sinceramente que éste librito nos ayude a todos a lograrlo.

Ahora, comencemos éste viaje, ¿de acuerdo?

Vamos allá.

CAPÍTULO 1

CÓMO COMIENZA TODO

*Sobre cómo se forma la vida humana
y cómo funciona éste cuerpo
en el que vivimos.*

CARTA UNO
¿De Dónde Venimos?

¡Hola mi querido Julián!

No hace mucho que te dimos la bienvenida al mundo y, como estás descubriendo, estos primeros años tratan sobre horas interminables de aprendizaje, de cosas nuevas sobre el mundo que te rodea y sobre vos mismo.

Es por eso que escribí este libro para vos. ¡Quiero ayudarte a aprender! Este es el libro que desearía *haber* tenido, cuando era tan nueva y tan pequeña, como lo sos vos ahora.

Cuando nacemos somos muy frágiles, querido Julián. *Nacer* es el momento en que llegamos a este mundo en forma de una personita muy pequeña a través del vientre de nuestra mamá. En ese momento somos seres muy pequeñitos, hermosos y delicados. Necesitamos mucha ayuda, amor y cariño. No tenemos idea de cómo vivir por nuestra cuenta. Todo lo que hacemos es lo que la naturaleza sabe mejor: respiramos, dormimos, comemos, lloramos y, por supuesto, orinamos y hacemos caca.

Esto es todo lo que tu cuerpo parece necesitar en este momento (ah, y una linda cobijita para mantenernos calientitos. Eso también).

Parece frustrante y a veces, un poco aterrador. Se siente como si simplemente estuviéramos allí, indefensos y dependientes de todos los demás. Pero no lo somos. Estamos *aprendiendo*. Estamos aprendiendo cómo independizarnos de alguna manera de esa pequeña burbuja cálida y húmeda en la que crecimos y vivimos durante nueve meses dentro de nuestra madre.

Sí, escuchaste bien, querido Julián. **Tu mamá te hizo.** (¡Y tu papá también! Más sobre este tema en breve.)

Pero aquí está lo mágico: creciste de tu mamá, pero no *sos* tu mamá. Sos *vos mismo*.

Lo sé. Todo esto puede parecer bastante confuso.

Dejame intentar explicártelo.

¿Sabías, querido Julián, que antes de nacer, pasamos nueve meses en el vientre de nuestra mamá, en un saco llamada útero? El útero es una bolsa cálida y acogedora donde vivimos y crecemos hasta el día en que salimos al mundo, tal como lo hiciste vos.

Pero antes de eso, eras una **célula**.

Una *célula* es una cosa diminuta, muy diminuta. Mirá la yema de tu dedo. Una célula es incluso más pequeña que eso. Imagina un pequeño grano de azúcar en la punta de tu dedo. Una célula es *aún más pequeña*. De hecho, es una de las cosas más pequeñas del mundo. Es tan pequeña que no se puede ver, incluso si se mira *muy* detenidamente. Podrías tener millones de células en la punta de tu dedo y aún así no podrías verlas.

Es uno de los hechos más asombrosos de la vida: todos crecemos a partir de estas células diminutas e invisibles. Con el tiempo, nos hacemos más y más grandes, hasta que de repente ya no somos solo una célula, sino que ahora somos una familia de células. Y luego somos una calle entera. Luego una ciudad. Luego un país. Luego un mundo. Luego, ¡todo un *universo* de ellas!

Hay más células en tu cuerpo en este momento que todas las estrellas de nuestra galaxia. (Una galaxia es una colección realmente grande de estrellas en el cielo. Imaginá todas las estrellas que podés ver por la noche, y luego imaginá el mismo número otra vez, y otra y otra vez, y…)

Sos un universo en pequeñito, contenido dentro de tu piel.

Sos un *Juli*-verso.

Y creciste de una célula tan pequeña que nadie podía verla.

Las células son asombrosas, sí. De alguna manera tienen la capacidad de organizarse en la combinación perfecta, la receta perfecta, para construir un ser humano a partir de casi nada.

El gran secreto es que existen diferentes *tipos* de células. Y todas pueden hacer cosas diferentes.

Cuando se hizo tu primera célula, la mitad pertenecía a tu papá y la otra mitad a tu mamá. Cuando esas dos mitades se unieron, comenzaron a multiplicarse. Es como si hubieran construido una pequeña fábrica de células nuevas, y de repente había células por *todas partes*.

Y "en todas partes" se convirtió en vos.

¿Cómo hacen ésto exactamente?

La respuesta es: bueno, realmente no lo sabemos. (Sí, Julián, los adultos son muy inteligentes, pero aún no tienen *todas* las respuestas).

Sin embargo ésta es nuestra mejor suposición.

Una célula es una colección muy pequeña de seres vivos que tienen la capacidad de producir más células. En otras palabras, las células son la forma en que las cosas *crecen*. ("Crecer" simplemente significa "que contiene más células que antes.")

Las células no tienen ojos, oídos, manos ni boca como vos, pero pueden hacer muchas cosas extremadamente inteligentes que apenas estamos empezando a comprender correctamente. Esas cosas inteligentes son las que nos dan vida. Cuando muchas células hacen su trabajo y trabajan juntas, pueden sostener un grupo más grande de células. Estos grupos más grandes de células (llamados *sistemas*) también pueden trabajar junto con *aún más grandes* grupos de células, todos haciendo cosas diferentes...

Ves a dónde va todo esto, ¿verdad?

De repente, todas esas células han formado un *cuerpo*. En tu caso, tu cuerpo.

Un cuerpo es el contenedor de una persona. Es lo que usamos para hacer cosas. Usamos nuestro cuerpo para ver, tocar, oler, oír y saborear (estos se llaman *sentidos*, hablaremos sobre ellos más adelante). Cuando te mirás a vos mismo, tu cuerpo es lo que ves con tus ojos. Ese cuerpo lo tocás (a veces incluso lo mordés), se mueve cuando agitás los brazos y las piernas y cuando movés los dedos de las manos y los pies. Tu cuerpo tiene una capa llamada piel, esa cosa que duele cuando te caés y se raspa. Esa capa te protege también del mundo exterior.

Pero no nos adelantemos aquí. Sé que tenés muchas, *muchas* preguntas. Y todas las respuestas llegan a su tiempo (y todas son tan maravillosas; te sorprenderá cómo todo encaja perfectamente, de la misma manera que *vos* encajás perfectamente en todo este gran mundo).

Hoy, solo recordá esto: estás apenas comenzando tu viaje de crecimiento.

Pero comparado con el tamaño de una célula, ya sos todo un *universo*, mi querido Julián. ¡Qué lejos has llegado ya! Felicidades, mi pequeño.

Ahora andá a tomar una siesta. Te lo has ganado.

CARTA DOS
¿Cómo Nacemos?

Hola de nuevo, mi querido Julián.

Espero que hayás dormido deliciosamente, como todas las personas deberían hacerlo. Dormir es sensato y es básico para vivir bien.

Si tenés sueño, te podés frotar los ojos un segundo. Y mientras estás en eso, frotá bien el resto de tu rostro.

¿No es maravillosa tu piel?

Es un órgano muy interesante y el más grande de tu cuerpo. Y dondequiera que vayás en el mundo, encontrarás pieles de diferentes colores y tonalidades. A veces es pálida, casi blanca. A veces de color rosa, a veces de color marrón claro, a veces más oscuro. En todo el mundo, la piel de las personas es diferente.

Hablaremos en otro momento sobre el mundo, este lugar increíble en el que todos vivimos. Pero por ahora, recordá que aunque la piel puede *verse* diferente, la persona que está dentro de ella siempre es como vos.

Cuando estabas dentro de tu mami, su piel te protegía, junto con otros órganos maravillosos que te mantenían saludable y creciendo. Y con el tiempo, creció tu *propia* piel, sobre tus *propios* órganos.

Así que aquí hay una buena pregunta: ¿por qué no nos quedamos dentro de nuestras mamás? Es seguro y cálido, ¡y nos alimentamos todos los días! ¿Por qué irse de allí?

La respuesta, una vez más, tiene que ver con aquellas células. Después de nueve meses de crecimiento, habían ya demasiadas células y las mamás no tienen más espacio para contener tanta cantidad. Entonces, para seguir creciendo (como debemos hacer, si queremos estar saludables), tenemos que salir al mundo, ¡donde hay espacio ilimitado para crecer!

Este crecimiento dentro de nuestra madre se llama "gestación" y siempre toma alrededor de nueve meses, por cada bebé humano en todas partes del mundo. Durante ese tiempo, todo el cuerpo trabaja mucho para formarnos.

Cuando llega el momento de emerger al mundo, tanto el cuerpo de bebé como el de mamá se envían señales el uno al otro, hablando un idioma que no necesita palabras, para prepararse y trasladarnos mágicamente al mundo exterior, donde las personas que nos aman están esperando para abrazarnos mientras respiramos por primera vez.

Cuando nacemos, ese momento exacto en el que nuestra cabeza sale al aire se llama *parto*. Fuiste bienvenido al mundo exactamente de esta manera, como un paquete muy especial que vale más que cualquier cosa que alguien haya recibido por correo postal.

Las primeras manos que nos sostienen pertenecen a los médicos. Tu tía es doctora (¡hola!). Los médicos somos personas que hemos aprendido cómo funcionan los cuerpos humanos, y usamos ese aprendizaje para enseñar a las personas cómo cuidar su propio cuerpo y ayudarlas a mantenerse sanas y sentirse bien.

Los médicos que están a cargo de traer bebés al mundo se llaman *ginecólogos*, una palabra muy complicada, ¿verdad? (¡A los adultos nos gustan palabras grandes, incluso cuando hay palabras más pequeñas y fáciles que funcionan igual de bien!)

Los ginecólogos te revisan cada mes, desde el día uno hasta el mes nueve mientras vas creciendo dentro de tu mami. Se aseguran de que tanto mamá y bebé estén sanos y seguros hasta que llegue el precioso momento del nacimiento.

Cuando llega ese día especial, los médicos llevan a mamá a una sala especial. Se visten con graciosas batas verdes o azules que cubren casi todo el cuerpo y la cabeza, dejando solo los ojos descubiertos. (Hay una razón sensata por la que hacen esto, pero eso no significa que se vean menos divertidos).

De repente, mamá comienza a apretar los músculos de su panza, empujando al bebé hacia el mundo, y los médicos trabajan para asegurarse de que todo salga bien. Cuando el bebé está libre y rodeado de aire por primera vez, desde la cabeza hasta los dedos de los pies, los médicos revisan su cuerpo para asegurarse de que esté listo para vivir la vida desde afuera. Luego el bebé es puesto en los brazos amorosos de sus padres por primera vez…¡wow!

Ese primer abrazo que recibís de tu madre y tu padre es probablemente el sentimiento más asombroso del mundo entero, querido Julián. Por primera vez, después de nueve meses de espera, están todos juntos como familia, piel con piel, unidos por amor, besos y lágrimas de felicidad.

Así que extendé tus brazos en este mismo instante, y dales un gran abrazo a tus padres, solo para recordarles ese día tan bello e increíble.

CARTA TRES
¿Porqué Nos Vemos Iguales?

¡Hola de nuevo, mi querido Julián!

Juguemos un juego.

¿Listo?

¡MOVÉ TUS DEDOS!

Sí, todos al mismo tiempo. ¡Movelos como locos! ¡Mové los brazos en el aire y esos dedos tan rápido como podás!

Bueno. Uff. Dejemos de movernos por un segundo.

¿No son increíbles los dedos? Les estabas diciendo a los diez dedos que se movieran al mismo tiempo, cada uno de ellos moviéndose de una manera diferente, ¡y ni siquiera tenías que pensar en cómo hacerlo! Tus dedos sabían qué hacer. Dijiste "a mover todos los dedos!" y así mismo sucedió. Con tan sólo pensarlo…¡wow!

Esta es una de las cosas más maravillosas sobre tu cuerpo. Si lo cuidás adecuadamente, hará todo el trabajo duro sin que le digás exactamente qué o cómo hacerlo.

Eso sí, es tu trabajo asegurarte de que tu cuerpo pueda seguir haciendo eso por siempre.

Pero hay otra cosa asombrosa sobre los dedos. Mirá la mano de tu mamá. Y ahora la de tu papá. Y la de todos los demás. Todos tenemos diez dedos.

Cuando nacés, los médicos comprobarán si los diez dedos están ahí, ni más ni menos, porque esa es la cantidad normal y saludable para un ser humano. Diez dedos en nuestras manos, diez dedos en nuestros pies, dos brazos a cada lado de nuestro cuerpo, dos piernas (¡lo suficientemente largas para llegar al suelo!), dos ojos en nuestra cara, dos orejas a los lados de nuestra cabeza, una boca, una nariz y una lengua.

Y vamos más allá. Dentro de nuestro cuerpo, normalmente tenemos dos pulmones, un corazón, un estómago y un cerebro; y nuestros genitales (partes privadas) - la mitad afuera y la mitad dentro de nuestro cuerpo - nos dan un sentido de identidad física que se vuelve muy, muy importante conforme crecemos.

Una vez más, todo depende de los poderes mágicos de las células. Específicamente, lo que hay *dentro de ellas*. Cada célula está hecha de una serie de palitos increíblemente pequeños llamadas cromosomas, y son estos los que se combinan para hacer la receta especial (llamada *código genético*) que te hace *casi* igual a todos los demás, pero no del todo. Ese "no del todo" es lo que nos hace a todos personas únicas. Lo suficientemente diferentes para hacer que nuestras personalidades sean especiales, y lo suficientemente iguales como para decir que "todos los humanos somos una gran familia".

Entonces al comienzo de la vida los médicos verifican que te veas *casi* igual que los demás. En ocasiones, un ser humano puede nacer con alguna parte de más o alguna de menos, o puede cambiar en el trayecto de la vida.

A veces esas diferencias nos hacen sentir nerviosos o incluso asustados, y nos comportamos de manera extraña. No existe un manual que nos enseñe cómo reaccionar en estos casos, pero siempre habrá personas que sabrán cómo ayudar. *Todos* estamos aquí para ayudarnos, querido Julián.

A veces olvidamos cómo somos exactamente iguales bajo esas diferencias tan superficiales. Esta es una lección difícil de aprender, pero recordá siempre: aunque los cuerpos serán siempre diferentes, la esencia dentro de las personas es siempre la misma.

Cuando algo sucede con tu cuerpo, no hay nada que temer. Tu cuerpo es increíble. No existe una máquina fabricada por humanos que tan siquiera se *acerque* a ser tan inteligente como un cuerpo humano. En casi todos los casos, tu cuerpo sabe cómo curarse a sí mismo de formas que nunca conoceremos, y cuando no pueda, habrán otras personas que sabrán cómo ayudarle a hacer su trabajo.

Lo maravilloso de los médicos es que saben que nuestros cuerpos funcionan básicamente de la misma manera, por lo que han aprendido a curarnos, y cada año, ellos aprenden más y más formas para ayudarnos a mantenernos saludables. ¡*Nunca* ha habido un momento más seguro para estar vivo!

Tu cuerpo es tan inteligente que nunca dejará de trabajar para mantenerte saludable, y si lo cuidás, seguirá trabajando con la misma intensidad, sin importar la edad que tengás.

Entonces, ¿qué significa "cuidarlo"? Necesitamos aprender algunos conceptos básicos, mi pequeño Julián.

Debemos aprender cómo se siente nuestro propio cuerpo y cómo es sentirse "saludable". En nuestros primeros años, como los tuyos en este momento, hay personas que nos ayudan a mantenernos sanos, comenzando por nuestros padres. Y cuando nos convertimos en adultos, nos hacemos responsables de nuestro cuerpo, para que podamos vivir la vida que queremos y lograr los deseos de nuestro corazón.

Pero ahora mismo, esto es lo que quiero que aprendás hoy.

Si no entendés algo, pedí una explicación.

Si sentís miedo, pedí ayuda.

Si hay algo importante que querás decir, decilo sin temor y con amor.

Debemos estar abiertos y tener la capacidad de ayudar a los demás en la vida, querido Julián, y todo comienza con cuidar de nosotros mismos. Debemos aprender a decir lo que tenemos en nuestra mente y lo que sentimos en nuestro corazón. Así tendremos más espacio para ayudar y también para seguir creciendo.

Hoy sería un gran día, el *mejor* día para empezar a practicar ésto con todas las personas que te rodean.

Te quiero,
Tía Mariana

CARTA CUATRO
¿Porqué Oímos, Vemos, Olemos, Saboreamos y Sentimos Cosas?

¿Recordás haber movido los dedos ayer?

¿Cómo te *sentiste*?

Esos raros palitos carnosos que brotan de tus manos pueden no parecer muy útiles al principio. Pero luego descubrís que podés rascarte zonas de la piel que pican. Podés hurgarte la nariz (¡*aunque no es algo muy agradable de ver!*) y también tocarte las encías (esa parte babosa y divertida del interior de tu boca a la que están adheridos los dientes). Podés usar tus dedos para explorar todo tu cuerpo, querido Julián.

A medida que movés los dedos, notarás que podés sentir cosas. Por ejemplo, sentirás que tu cara es suave y que la cara de tu papá es áspera como lija. Las puntas de los dientes se sienten suaves, sin embargo ellos son duros. Todo se siente con los dedos y todo es diferente.

¡Bienvenido a uno de tus cinco *sentidos*! Se llama **tacto**.

Tus manos son tus mejores amigas. Te ayudarán a gatear y luego te ayudarán a ponerte de pie. Tus manos te ayudan a tomar cosas, mover cosas, presionar botones, tirar de palancas, girar ruedas y un millón de otras cosas que los humanos hacen todos los días. Las manos son exploradoras. Así es como aprendemos en primer lugar a entender el mundo, al tocarlo y sentirlo.

Y a medida que crecés, descubrirás que tus manos significan mucho más. Las usarás para tomar de la mano a otras personas, y también para dar saludos, y cuando tus brazos sean lo suficientemente largos podrás rodear con tus brazos a tus personas favoritas. Estos se llaman abrazos.

Un abrazo es una de las expresiones de amor más profundas y significativas hacia otro ser humano, querido Julián. Incluso hacia nosotros mismos. Cada vez que sintás la necesidad o el deseo de dar un abrazo por favor hacelo. Nunca dejés de abrazar cuando lo sintás así. Nunca tengás miedo de abrazar. Algunas personas lo devolverán, otras quizás no, pero siempre es maravilloso ser el primero en ofrecer un abrazo. Sé siempre el primero. Ese sentimiento está ahí por una razón, y siempre será una buena razón.

Entonces, este fue el sentido del tacto. Tenemos cuatro sentidos más para explorar. ¿Estás listo?

Llevá tus dedos a tus orejas (esas dos cosas graciosas y blandas que flotan a cada lado de tu cabeza). Sentí lo maravillosamente suaves que son. Y mientras lo hacés, escuchá el ruido que hacen tus dedos. Es un truco. Realmente no están haciendo un ruido tan fuerte. Es solo que tus dedos están tan cerca de tus oídos, y tus oídos son como **escuchás**, y éste es el *segundo* de tus cinco sentidos.

Es gracias a tu audición que podés escuchar las historias de tu mami todas las noches, o el canto de tu papi mientras conduce al trabajo todos los días. Es gracias a tus oídos que poco a poco tomarás conciencia del mundo que te rodea, notando cuando la gente dice tu nombre ("¡Julián! ¡Mira quién está aquí! ¡¡Tía !!"). O cuando necesitás tener cuidado con algo, como cuando se acerca un carro. Las orejas sirven como protectores porque nos permiten escuchar alertas, manteniéndonos seguros cuando es necesario.

Abrí tu boca por un segundo. Ahora cerrala de nuevo. ¿Podés sentir tus dientes, las pequeñas estructuras blancas y duras dentro de tu boca, tan extrañamente diferentes al resto de tu cara? A la edad de un año, como lo estás ahora, no sos completamente consciente de esos dientes, ¡pero ya tenés ocho de ellos! Y para cuando hayás crecido por completo, tendrás un total de 32 (no tenés que hacer nada, simplemente crecerán por sí solos).

Es gracias a tus dientes que podés masticar, lo que te permite probar más tipos de alimentos, incluso cosas más duras como la carne.

Los dientes ayudan con el *tercero* de tus sentidos, llamado **gusto**. Cuando la comida entra en tu boca, los dientes ayudan a romperla en pedazos pequeñitos, y esos pedazos liberan sabor. El sabor es lo que hace que las cosas sean deliciosas (y otras cosas asquerosas y horribles).

Luego tenemos los ojos, los diminutos círculos de colores sobre un fondo blanco en la parte frontal de nuestras caras, que podemos ver cuando nos miramos en un espejo. ¡Los ojos son como vemos los ojos! Son lo que usamos para **ver(** el cuarto de nuestros cinco sentidos) y para reconocer el mundo que tenemos frente a nosotros. A través de nuestros ojos podemos ver el color, la luz del sol, la oscuridad, las formas y los rostros familiares. Cuando veás que tu mamá y tu papá se acercan y te sentís feliz, podés agradecer a tus ojos.

Los ojos también nos mantienen rodeados de nuestros seres queridos, porque gracias a su capacidad para reconocer rostros, podemos saber cuando estamos en compañía de familiares y amigos. Los ojos nos mantienen a salvo, evitando cosas sobre las que nos caeríamos si no pudiéramos verlas. Sin tus ojos, te resultaría mucho más difícil aprender a caminar. Pueden informarte sobre la profundidad y la distancia, de modo que cuando llegás a una escalera, tu cerebro sabe cómo apoyar tus pies para no caerte y darte un golpazo.

(Caerse es doloroso y molesto, pero todos lo hacemos, incluso cuando somos adultos. No hay nada de qué preocuparse. ¡A veces incluso es divertido y nos dan ataques de risa!)

El último de nuestros increíbles sentidos se puede encontrar en la nariz: esa cosa puntiaguda en la parte delantera de nuestras caras, justo en medio de los ojos. Lo que usamos para respirar cuando nuestra boca está cerrada. Las narices suelen ser lo primero que notás de otras personas, porque están justo ahí, sobresaliendo de sus caras. ¡Es demasiado divertido y puntiagudo para perdérselo!

La nariz también se encarga de procesar los olores. El olfato funciona con el gusto para ayudarnos a disfrutar de la comida (intentá taparte la nariz y probar algo; notarás que la mayor parte del sabor desaparece en tu boca). También es cómo descubrimos aromas en el aire, como el aroma de las flores.

Como te mencioné anteriormente, la nariz tiene una de las funciones más esenciales: la respiración. A través de la nariz, el aire que respirás se limpia y se calienta, por lo que cuando lo llevás a lo más profundo de tu cuerpo, está en un estado perfecto para tus pulmones, donde el aire se convierte en *oxígeno*, una sustancia que nuestro cuerpo necesita para mantenerse con vida. Increíble, ¿verdad?

Ah, Julián. Recuerdo esos momentos en los que escuchaba a tu Papá roncar tan fuerte al otro lado del pasillo desde su habitación. A veces, las narices pueden hacer ruidos *increíbles* **TSSHOOO!**".

(En el caso de tu papá, sus ronquidos ocurrieron porque un día se rompió la nariz mientras hacía ejercicio. ¡Eso debió doler! Pero como te dije en una carta anterior, los médicos pueden arreglar casi cualquier cosa en estos días, y las narices son fáciles de arreglar. Apenas unas semanas antes de tu nacimiento, tu papá fue a cirugía para arreglarse la nariz, ¡y no ha roncado tanto desde entonces!)

Pues bien, terminamos nuestro recorrido relámpago. ¡Los sentidos están completos!

Ahora, te desafío mi querido Julián, a que los uses todos lo más rápido que podás. ¿Listo?

Tocá algo.

Ahora *sentí* algo.

Ahora *probá* algo.

Ahora *escuchá* algo!

Y a descansar. Te lo has ganado, mi pequeño.

CARTA CINCO
¿Porqué Lloramos?

¿Cómo te sentís hoy, mi querido Julián?

Espero que te sintás muy feliz hoy, porque vamos a hablar de lo maravilloso que es llorar. El llanto es lo que sucede cuando salen gotas de agua salada de tus ojos, deslizándose por tu rostro. Estas gotas se llaman lágrimas y surgen naturalmente cuando tenemos sentimientos intensos de algún tipo.

La mayoría de las personas creen que llorar es señal de que estamos *tristes*. Y puede ser. Aunque muchas veces también lloramos de felicidad. Pero la *verdadera* razón por la que lloramos es por algo llamado sentimientos, y son parte de lo que hace que valga la pena vivir la vida. Vos llorás, yo lloro, tu mamá y tu papá también lloran. Es natural. Personalmente, tengo una regla de vida que me gusta aplicar y que dice "cuando alguien suelta una lágrima, abrazalo".

Dentro de nuestros cuerpos en los que vos, yo y todos los demás vivimos, hay sensaciones que no pueden explicarse a través de los cinco sentidos tal como los conocemos, pero son sensaciones tan reales que no podemos escapar de ellas. De hecho, cuando ocurren, pueden inundarnos por completo y hasta parece que se convierten en lo más importante del mundo.

Estas sensaciones tienen que ver con algo más que el propio cuerpo.

Estos sentimientos (o *emociones*, por darles su propio nombre) están ligados a nuestras experiencias, pensamientos y deseos personales. Se desencadenan porque algo nos afecta de manera profunda y significativa, razón por la cual siempre vale la pena escuchar los sentimientos, porque son una señal de que hemos descubierto algo importante sobre nosotros mismos.

Todas estas cosas se mezclan dentro de nosotros y fácilmente pueden resultar abrumadoras. Comprender y guiar nuestras emociones puede ser el trabajo de toda una vida, y es un camino diferente para todos. No puedo explicarte cómo se sentirán tus emociones dentro de vos, mi querido Julián, porque serán diferentes a de cómo yo siento las mías. Todo lo que puedo hacer es asegurarte cuán reales e importantes son, y cómo siempre vale la pena escuchar esa emociones.

A veces podrás sentirlas en partes específicas de tu cuerpo. Es común tener sensaciones en el estómago, como emoción o nerviosismo por algo importante (a esto le llamamos "mariposas", porque es como una sensación de aleteo muy dentro de nosotros).

Otras veces sentirás algo en el pecho, donde está tu corazón. La gente suele decir que es aquí donde nacen los sentimientos de amor, aunque los científicos dicen que nacen en el cerebro. Como verás, hay posibilidades infinitas y de todas se aprende algo importante.

En esta vida aprenderás sobre cómo es sentirte feliz y sobre sentirte triste, querido Julián. Sobre sentirte nervioso o asustado. Sobre sentirte enfermo o emocionado. Habrá ira, molestia y vacío. Y habrá también orgullo y una sensación de satisfacción, de haber hecho algo que hace una diferencia en las cosas y en las personas que te importan.

Los sentimientos son a menudo etiquetados como "positivos" o "negativos". Sin embargo, prefiero no llamarlos así. La palabra negativo agrega mucha oscuridad y miedo, pero en realidad todos los sentimientos son naturales y saludables, incluso los que nos pueden afectar intensamente.

Me gusta pensar que los sentimientos son guías interiores.

Incluso cuando nos hacen llorar, están tratando de ayudar, de decirnos algo *importante*. Confío en mis sentimientos como nada en el mundo. Al inicio era difícil entender y confiar de esta manera pero poco a poco he entendido que es un super poder, y ahora confío en ellos para que me guíen y me digan cosas que no se pueden decir con palabras, y que sólo yo puedo escuchar y entender lo que me dicen. Intento escucharlos con atención, de la manera en que espero que vos también aprendás a escuchar los tuyos.

Mientras hablamos de sentimientos, deberíamos hablar también de pensamientos, porque las dos cosas generalmente encajan perfectamente juntas, como guantes a tu mano o pies a tu zapato.

Nuestros pensamientos son a menudo sentimientos en acción, moviéndose a través de nuestras mentes y transformándonos por completo.

Los pensamientos pueden hacernos sentir poderosos, fuertes, pero también débiles si sentimos que perdemos el control sobre ellos. Es vital aprender y que nos enseñen a conocer y manejar nuestros pensamientos y nuestros sentimientos, porque tienen un gran impacto sobre nuestro sentido de identidad y de bienestar.

Es posible que escuchés en algún momento que los sentimientos son solo para las niñas y que los niños no deben llorar, pero eso no es cierto, querido Julián. Cada ser humano tiene y siempre tendrá sentimientos. ¡Dejá que los tuyos fluyan y amalos a todos! Nunca olvidés esto. Es importante.

Lo que pensamos y sentimos es *todo*. Dictan la forma en que percibimos, pensamos y vivimos la vida. Si pretendemos que nuestros sentimientos no son importantes y no tratamos de guiarlos, terminaremos sintiéndonos muy tristes en la vida.

Esta es probablemente la cosa más importante que alguien puede aprender sobre cómo vivir una vida feliz.

Entonces, ¿qué tal si empezás a practicar esto ahora mismo? Dejá este libro, respirá profundamente y preguntate: "¿cómo me siento en este momento?"

¿Cómo te sentís hoy, querido Julián?

¡Te amo!
Tía Nana

CARTA SEIS
¿Cómo Pensamos?

Ayer, querido Julián, te pregunté cómo te sentías.

Hoy, me gustaría preguntarte qué estás *pensando*.

Como te expliqué ayer, los pensamientos y sentimientos a menudo se mezclan de una manera poderosa que no podemos desenredar. La razón está dentro de tu cabeza. Es hora de mirar la maravillosa cosa blanda entre tus orejas, justo detrás de tus ojos.

El *cerebro* (una enorme colección de células muy especiales que parece una bolsa llena de avena) es donde vive la *mente*, y la mente es una enorme construcción de pensamientos y sentimientos, es algo realmente fantástico, querido Julián.

Es tan importante para tu cuerpo como el aire que respirás.

Sin tu mente, no serías capaz de hacer nada. No podrías pensar ni sentir cosas, y tu cuerpo no sería capaz de realizar todas esas pequeñas acciones automáticas que no requieren ningún trabajo mental de tu parte (como cuando le decís "¡movete!" a tus dedos, y ellos hacen todo el trabajo).

Como te dije en mi última carta, la vida se construye sobre los sentimientos, y una buena vida es cuando manejás todos esos sentimientos adecuadamente. Todas estas emociones son creadas por los pensamientos en nuestras mentes. **Entonces, si te entrenás para controlar tus pensamientos, también podés dominar tus sentimientos y mejorar en gran medida tus posibilidades de vivir una vida feliz.**

(Siempre debemos tratar de elegir pensamientos positivos y útiles, incluso cuando se sienta complicado o imposible. El pensamiento positivo y el sentimiento positivo es lo que nos permitirá disfrutar el resto de nuestras vidas).

Debido a que la vida está llena de cosas nuevas por aprender, querido Julián, nunca debemos dejar de aprender. Porque eso nos permitirá mejorar y convertirnos en mejores versiones de nosotros mismos. Siempre habrá algo nuevo y dado que aprender es divertido, esto significa que siempre habrá más diversión, ¡si estamos dispuestos a encontrarla!

Por ahora, recordá que *pensás desde el interior de tu cerebro.*

Tu cerebro es de donde provienen tus pensamientos y sentimientos. Y vos, la personita única llamada Julián, estás hecho de esos pensamientos y sentimientos. Tu cerebro es parte de tu cuerpo, y tu cuerpo es parte de vos, pero si alguien te pregunta en qué parte de tu cuerpo estás realmente, el mejor lugar para señalar es tu cabeza, donde está tu cerebro.

¡Sé que suena complicado! (Las mentes más sobresalientes de la humanidad están trabajando para comprender todo esto en este momento, ¡así que podés sentirte confundido!) Pero recordá: los humanos no son solo la suma de todas las partes de su cuerpo sino que también están hechos de pensamientos y sentimientos, y todo comienza en la mente.

Te va a gustar la tarea de hoy, mi pequeño. Te lo garantizo.

Durante la próxima media hora, quiero que mirés por la ventana y dejés que tus pensamientos fluyan. Permití que esos pensamientos hagan lo que quieran. No intentés controlarlos. Solo dejá que se muevan por tu mente mientras ves el mundo a través de tu ventana.

Dejá que se organicen... ¡y escuchá atentamente si te quieren decir algo!

CAPÍTULO 2

CÓMO VIVIR

---

*Darse cuenta de uno mismo,
descubriendo los sentidos y
el mundo, tal y como lo experimenta
nuestro propio cuerpo humano.*

CARTA UNO
¿Porqué Enfermamos?

Hola mi querido Julián. ¿Te sentís bien?

¡Eso espero!

Verás, habrá días en los que no te sintás tan bien. A veces, nuestro cuerpo no funciona como debería. Tal vez simplemente estés abrumado por la cantidad de cosas que estás haciendo, como cuando comemos demasiado y nos sentimos un poco inflamados de la panza. A veces es porque hemos contraído un *virus* (una pequeña infección que impide que nuestro cuerpo funcione correctamente), y hasta que nuestro cuerpo haya eliminado ese virus, sentimos síntomas desagradables, como dolor de cabeza, calambres en el estómago, cosas leves aunque un poco molestas.

La maravillosa noticia es que, en *casi todos los casos*, nuestro cuerpo se ocupará del problema por su cuenta.

Verás, tu cuerpo tiene su propio sistema de defensa, capaz de reconocer y combatir cualquier condición y cualquier organismo que pueda hacernos sentir enfermos.

A veces, una enfermedad puede ser rápida, desaparecer en unas pocas horas o después de una buena noche de sueño.

A veces puede ser más difícil y tardar más en desaparecer. En cualquier caso, el cuerpo hará todo lo posible para que volvamos a estar saludables. ¿Y si no se puede? Ahí es donde los médicos intervienen y ayudan, asegurándose de que estamos haciendo lo correcto para sanar en el menor tiempo posible y para sentirnos estables en el proceso.

No te preocupés. Los altibajos de la salud son una parte natural del ciclo de la vida (y sentirse enfermo suele ser una señal de que nuestro cuerpo está funcionando correctamente, una señal de que está luchando para que nos sintamos bien de nuevo).

El dolor y la enfermedad pueden dar miedo, pero no debemos vivir con temor a ellos, o nunca podrás sentirte feliz. En cambio, debemos vivir con el conocimiento de que el cuerpo es el médico más inteligente del mundo y que lo mejor que podemos hacer es aprender a escuchar lo que nos dice.

Después de nacer, estás destinado a vivir durante un tiempo increíblemente largo, con tu cuerpo reparándose con éxito una y otra y otra *vez*. Desde el primer día de tu vida, tu cuerpo sabe exactamente cómo mantenerse seguro y saludable, y nunca dejará de trabajar para que te sintás bien.

Cuando somos bebés, nos vemos limpios, puros y nuevos, lo cual es absolutamente cierto, ¡ya que acabamos de ser creados! Primero no somos conscientes de mucho, pero el mundo rápidamente comienza a enseñarnos cómo funciona todo, usando nuestros sentidos (¿recordás cómo funcionan?) y nuestras emociones, pensamientos y experiencias.

A medida que vamos creciendo, pasamos de ser bebés a niños, luego adolescentes, luego adultos y finalmente personas de la tercera edad. Este proceso lleva muchos años, y cada segundo de cada uno de esos años, tu cuerpo trabajará duro para mantenerlo libre de enfermedades.

A medida que envejecés, descubrirás que tu cuerpo crea pequeños dolores y molestias aquí y allá, solo para recordarte que debés cuidarlo un poco mejor.

Estas no son cosas de las que preocuparse. ¡La vida es demasiado ajetreada como para desperdiciarla en preocupaciones como esa! Es mejor vivir correctamente aprovechando al máximo todos los días.

Cada día de la vida es precioso, lleno de la maravilla de descubrir cosas, de caminar, comer, saborear, sentir, oír y ver. Las preocupaciones y los miedos te impiden vivir tu vida de esa manera, por lo que son cosas que debés evitar. Es parte de aquel aprendizaje de emociones que te comenté en la carta anterior.

Así que como sea que te sintás hoy, querido Julián, ¡disfrutalo! Es un regalo especial de tu cuerpo: el mejor amigo que jamás tendrás.

CARTA DOS
¿Porqué Sentimos Hambre?

¡Hola Julián!

Tengo una pregunta extraña para vos.

¿Alguna vez te ha rugido el estómago?

No te lo podés perder cuando sucede. Es como un gemido, un chirrido, en medio de tu cuerpo, ¡un sonido divertido! Cuando los adultos lo hacen en público, todos se ríen.

Un estómago rugiente es la forma en que tu cuerpo dice "No he comido suficiente" o "He comido demasiado". Es una de las formas en que tu cuerpo te habla, dándote un mensaje especial (¡de una manera súper divertida!).

El hambre es una de las necesidades más básicas del cuerpo. Descubrirás que hay muchas cosas que tu cuerpo necesita para seguir funcionando correctamente. Estas necesidades suelen ser muy simples, pero la gente tiende a complicarlas (te darás cuenta de que a los adultos les gusta complicar mucho las cosas, ¡a veces sin razón alguna!).

Dejame mostrarte cómo mantener las cosas simples.

El cuerpo está hecho de células, ¿recordás? Y estas células necesitan diferentes tipos de alimentos que les permitan hacer el trabajo que deben hacer. Estos alimentos especiales son combustible para el cuerpo para que pueda seguir funcionando normalmente sin molestias, es decir, sin enfermedad.

Es *así* de simple. ¿Querés estar lo más saludable posible? Comé los tipos adecuados de alimentos.

Estos alimentos son de muchos tipos diferentes. Están los que necesitás para crecer fuerte: los mismos alimentos que tu mami tenía que comer cuando crecías dentro de ella. (El alimento que ella comía, pasaba a través de su cuerpo al tuyo y se convertiría en *tu* alimento. Una persona ayudando a crecer a otra, como todos deberíamos hacer en esta vida, ¡qué bonito!)

Hay muchos nombres complicados para estos alimentos, pero seamos simples y concentrémonos en *los nutrientes, vitaminas, minerales, proteínas* y *el agua*.

Todos estos vienen naturalmente en los alimentos que comemos. Esos purés de verduras que comés y te encantan están repletos de nutrientes, vitaminas y buenos minerales para que tu cuerpo siga creciendo a un ritmo increíblemente rápido.

El agua es probablemente el alimento más importante de todos y, de hecho, pertenece a su propia categoría, pero la incluiremos aquí porque es muy, *muy* importante.

El agua está en todo. No es solo el líquido transparente que sale del tubo. Está en cada tipo de comida que comés, en cada bebida que tomás, y hasta dentro tuyo. El agua es el elemento más importante para la vida misma. De *hecho*....

(...y este es uno de los hechos más extraños del ser humano...)

...hay tanta agua adentro tuyo, querido Julián, que básicamente **sos** agua. Alrededor de siete décimas partes de tu cuerpo, osea más de la mitad, ¡está hecho de agua! Tu cerebro está lleno de agua. Tus órganos funcionan con agua. Y tu piel necesita agua para mantenerse fuerte y flexible.

Sin suficiente agua, te enfermarás.

Así que esa es mi tarea para vos hoy, querido Julián. Llená un vaso grande con agua (o pedile a tu mamá o papá que lo hagan por vos) y bebé toda esa agua. Te sentirás *genial* mañana.

¡Vamos allá!

CARTA TRES
¿Porqué Necesitamos El Baño?

Buenos días, querido Julián.

¿Recordás cuando te dije que deberías beber ese gran vaso de agua? Había algo que debería haber mencionado: una parte de esa agua que entró en tu cuerpo, tendrá que salir otra vez.

¿Sentiste una fuerte necesidad de orinar durante la noche?

Cuando bebemos suficiente agua todos los días, nuestros cuerpos pueden mantener sus funciones más básicas (e importantes). Así todos nuestros órganos funcionarán correctamente, manteniendo nuestros cuerpos limpios, filtrando y sacando todo lo innecesario a través de un proceso llamado *micción*, mejor conocido como "ir a orinar".

Tener la cantidad correcta de agua en tu cuerpo todos los días se conoce como *una buena hidratación*, y ese, querido Julián, es el secreto de una gran salud.

Si tenés la cantidad adecuada de agua dentro de tu cuerpo, él tendrá (casi) todo lo que necesita para limpiarse y repararse a la máxima velocidad, y cuando estás bien hidratado, te sentís **increíble**. (Esta es la forma en que la naturaleza te dice "hey, seguí bebiendo agua, ¿de acuerdo?")

Cuando estás bien hidratado, dormirás mejor, por lo que estarás descansado y lleno de buena energía al día siguiente, lo que significa que podés jugar más, aprender más y ¡*hacer* más! Tu estómago puede digerir adecuadamente todos los alimentos que come, y las defensas protectoras de la salud de tu cuerpo (tu *sistema inmunológico*, ¿recordás?) requieren agua para evitar que se enferme.

El agua te mantiene vivo, querido Julián, y te hace *sentir* vivo. Cada vaso de agua es tu amigo.

(Tenés suerte de que tu tía sea doctora y sepa todas estas cosas para compartir con vos desde el principio, porque estas son algunas de las cosas más importantes que aprenderás. Aquí hay un secreto divertido: los adultos son muy inteligentes y tienen grandes pensamientos, pero a veces se olvidan de estos hechos básicos. Así que tal vez los adultos no son tan inteligentes como creen, ¿eh?)

¿Sabés cuál es una buena manera de recordar beber agua todos los días? Bebé un vaso cada vez que comás dulces. Porque, ¡¿quién se olvidaría de comer dulces?! Jaja.

Ya que estamos en el tema de los dulces...

Una cosa que tu cuerpo **no** necesita mucho es azúcar, el ingrediente principal del que están hechos los dulces. Sé que los dulces son deliciosos y es muy fácil seguir comiéndolos, pero pueden ser dañinos cuando se comen en mucha cantidad (¡y te harán doler el estómago!).

Cada vez que tu mamá y tu papá dicen "ya son suficientes dulces para vos", creeme, no están siendo malos con vos, te están protegiendo. Tan delicioso como es, el azúcar tiene el poder de enfermarte.

Así que recordá: tomá agua todos los días. Tomala cuando comás algo, cuando hace calor afuera y cuando hace frío también. El agua será *siempre* y para siempre el mejor amigo, salvador y protector de enfermedades de tu cuerpo.

Pero hay otra cosa que realmente necesitás todos los días si querés estar realmente bien. No, no es comida. No es agua.

¿Podés adivinar qué es?

Incluso si no podés, te *garantizo* que recordarás hacerlo antes de la lección de mañana. :)

¡Hasta la próxima!

Con amor,
Tía Mariana

CARTA CUATRO
¿Porqué Nos Da Sueño?

¡Hola de nuevo, mi pequeño! ¿Cómo has dormido?

Supongo que la respuesta es "¡fabulosamente!" En algún momento anoche tus párpados se empezaron a sentir realmente pesados, y los cerraste por un minuto, solo unos minutos, y de repente llegó la mañana.

¿No es asombroso cómo sucede eso?

Pero también un poco raro, ¿verdad?

Al igual que muchas cosas relacionadas con nuestros cuerpos, todos sabemos qué es el sueño, pero apenas estamos comenzando a entender cómo funciona y por qué lo necesitamos.

Los médicos saben que el sueño es increíblemente importante para mantenerse saludable. Si no dormís bien, tu cuerpo deja de funcionar correctamente, se estropean cosas y te enfermás, te cansás y te ponés de mal humor. Es tan simple y tan horrible como eso. Sin sueño, no hay "buena salud" - sólo hay cansancio y enfermedad....

Y esta es nuestra mejor idea sobre lo que es dormir. El sueño es cuando nuestro cuerpo se repara a sí mismo.

Cuando nos enfermamos, el cuerpo busca dormir. Y esto sucede porque en las horas de sueño es cuando el cuerpo mejor trabaja para recuperarse.

Hay otra cosa mágicamente inteligente sobre el sueño, y es uno de los grandes misterios de la vida. Dormir es cuando tenemos sueños, historias imaginarias que suceden solo en nuestra mente, no en la vida real.

¿Ya tuviste tu primer sueño?

A veces verás adultos mirando por la ventana o pensando profundamente, con una sonrisa en sus rostros. A esto lo llamamos "soñar despierto", donde nos perdemos en nuestros pensamientos sin estar dormidos. Estos no son sueños reales, pero es divertido tenerlos (y, a veces, es de donde surgen ideas realmente inteligentes). ¡Yo tengo muchos! Y es de alguna manera bastante relajante.

Los sueños que tenés mientras dormís se sienten reales en ese momento. A veces eso puede ser algo divertido y a veces puede dar un poco de miedo.

Independientemente de cómo te sintás durante un sueño, éste desaparece cuando abrís los ojos y queda sólo el recuerdo. ¡Y estos recuerdos se pueden convertir en historias divertidas para contar!

Si te da sueño y solo es la hora del almuerzo, podés dormir, excepto que se llama "tomar una siesta". En algunos países (los realmente sensatos), la siesta de la tarde es una costumbre casi sagrada. En España por ejemplo, cuando hace demasiado calor afuera, la gente va adentro y duermen un poco hasta que refresca.

La buena noticia para vos es que a los bebés se les permite *muchas* siestas. ¡Siestas ilimitadas! ¡Incluso podés dormir la siesta todo el día si querés!

Entonces, ¿qué tal si hacés una siesta ahora mismo? ¡Talvez te viene un gran sueño que luego me podrás contar!

CARTA CINCO
¿Porqué Queremos Saber Cosas?

Un día más y una cosa más para aprender, querido Julián.

Te preguntarás: ¿por qué aprendemos cosas? ¿Y por qué es tan importante el aprendizaje?

La respuesta más obvia a estas preguntas es que si no aprendiéramos, *no podríamos hacer nada*. No se nace sabiendo comer una pizza, ni cómo beber un vaso de agua. ¡Incluso tenés que aprender a masticar la comida!

(Más adelante en tu vida te asombrará saber que tuviste que aprender todas estas cosas, porque para el momento en que seas grande hacer todo esto será fáciles y sin tener que pensar en ellas. Pero es verdad. Tenemos que aprender incluso las cosas más simples.)

Pero hay otra razón por la que aprendemos cosas, y tiene que ver con nuestro cerebro.

Lo llamamos **curiosidad**. No podés verlo. Es tan invisible como el aire que respiramos, pero tan útil como los alimentos que comemos. Sin curiosidad no aprenderíamos nada, y no sabríamos cómo comer ni beber ni mantenernos con vida.

La curiosidad es un fuerte deseo de saber o aprender algo, querido Julián.

Es particularmente fuerte cuando somos jóvenes, como lo sos ahora. ¡A tu edad, todo es increíble! ¡Guau! La razón es que nuestros cerebros saben que este es el momento más importante de nuestra vida para aprender todo, por lo que nos vuelve increíblemente curiosos y *queremos* aprenderlo todo.

La curiosidad es una de las cualidades más preciadas del ser humano, y mantener la curiosidad a medida que envejecés es una señal de que tenés un gran cerebro.

Tu papá es una de las personas más asombrosas a mi alrededor, porque de alguna manera ha logrado mantener intacta su curiosidad a lo largo de los años, ¡Incluso hasta sus 40 años! Admiro mucho eso de él. Está viviendo la vida correctamente, con un fuego en su corazón por todas las cosas que quiere aprender. Estoy seguro de que serás igual, querido Julián. De tal palo tal astilla.

Y es que la curiosidad, combinada con la amabilidad, los sentimientos y el sentido común, te llevarán muy lejos en esta vida, querido Julián, y probablemente también te mantendrá feliz.

Uy esperá, ¿Qué es eso de allá?

¡A curiosear se ha dicho!

CARTA SEIS
¿Quién Soy?

¡Hola mi pequeño Julián!

Espero que las últimas once cartas te hayan dado mucho que pensar. Ahora sabés que tenés un cuerpo y un cerebro. Ahora sabés que estás hecho de células y cubierto de piel. Y ahora sabés que tu cuerpo, tu cerebro, tus células y tu piel son parte de vos, pero de otra manera no son vos.

¿Dónde estás dentro de tu cuerpo realmente?

¿Recordás la carta anterior cuando hablamos de esto?

¿Acabás de señalar tu cabeza, el lugar en donde está tu cerebro?

BUEN TRABAJO. Estoy orgullosa de vos.

Aunque hay mucho más por saber.

¿Estamos realmente dentro de nuestras cabezas? Probablemente sí, pero ¿cómo explica eso las sensaciones que tenemos en las puntas de los dedos, por ejemplo? ¿Estamos entonces en nuestros dedos? No, porque estamos mirando el mundo a través de nuestros *ojos*, no a través de la punta de nuestros dedos (lo cual sería realmente extraño, ¿no?). Y así. Es realmente complicado.

Entonces, la respuesta más simple es: estamos en *todas partes* de nuestro cuerpo. Todo al mismo tiempo.

Sin embargo, si sumás todas las partes de nuestro cuerpo, no acabamos de ser un todo. De alguna manera, somos *más* que nuestro cuerpo, querido Julián.

Este es uno de los grandes misterios de la vida, y lo llamamos *conciencia*.

Es tan fascinante como la chispa de asombro que veo en tu rostro cada vez que te encontrás con un ser vivo que se mueve y que no se parece a vos, o tu forma tan delicada de responder a todas las cosas nuevas que encontrás, como cuando acariciás y admirás todas las flores con sus colores, tamaños y texturas.

La conciencia es una maravilla. La conciencia es una serie de preguntas y respuestas sobre vos mismo y el universo.

¿Quién soy? ¿Quién sos vos? ¿Qué es esto? ¿Qué es eso de allá? ¿A qué sabría esto si me lo comiera?

¡Ah! ¿Cómo explicarte la conciencia, mi pequeño, cuando algunas de las mentes más grandes de la filosofía han pasado miles de años tratando de hacerlo?

Intentémoslo de todos modos.

Hay *algo* dentro de nosotros, dentro de nuestra mente o de nuestro corazón, o ambos (¡o ninguno!). Es increíblemente difícil de localizar, pero fácil de reconocer.

Es nuestro sentido de quiénes somos, y lo que pensamos y sentimos, todos los días.

Es la suma total de todo lo que hemos aprendido, como una biblioteca que se llena con un libro nuevo todos los días.

Así es como reconocemos lo bueno y lo malo, lo correcto y lo incorrecto, lo real y lo imaginario.

A medida que transcurre la vida, tenemos experiencias que nos moldean de diferentes maneras. Esta forma está hecha de recuerdos -imágenes, sonidos y olores que recordamos de momentos específicos- y se almacenan dentro de nosotros, en un lugar al que llamamos "yo".

En algún lugar adentro tuyo hay una pequeña biblioteca de conciencia llamada Julián, que crece en tamaño cada día. Es quien serás por el resto de tu vida. Un recuerdo se almacenará junto a otro, día tras día. Eventualmente, habrá tantos recuerdos que te permitirán saber y hacer muchas, muchas cosas (lo que llamamos "conocimiento").

Cuanto más aprendás, más grandes y útiles serán tus libros de recuerdos, y más cosas podrás hacer y experimentar en tu vida.

Debido a cómo funciona el cerebro, ese extraño órgano que está físicamente dentro de nuestras cabezas, coordinando nuestros movimientos y pensamientos, permitiéndonos interactuar con el mundo, muchos de esos recuerdos serán olvidados o tal vez ni siquiera reconocidos cuando sucedan por primera vez. Cuando los recuerdos se crean en los primeros años, como ahora, es casi imposible recordar todo. Es demasiado.

¡Pero no te preocupés! Estamos diseñados inteligentemente, por lo que generalmente solo recordamos las cosas más *importantes* , y son esas cosas las que dejan huellas en nosotros y dan forma a nuestra *personalidad* (palabra que significa "el tipo de persona que somos").

Sin embargo, a veces olvidamos cosas que son importantes. Ese recuerdo se pierde, se cae de nuestro libro diario de recuerdos, se desliza al suelo, desaparece en las sombras...

Pero que no podamos ver ciertos recuerdos, no significa que no estén ahí o que nunca hayan estado. De hecho, muchas veces podemos encontrarlos de nuevo. Así que no te preocupés, nada está perdido, solo está bien guardado.

La conciencia es lo que sabemos y podemos recordar, y la inconsciencia es lo que sabemos pero no podemos recordar.

Tu inconsciente jugará un papel misterioso en tu vida, querido Julián. Nunca sabrás que está ahí, pero constantemente te dirá cosas importantes. Muchas, muchas veces, tendrás el sentimiento más extraño acerca de algo y no sabrás por qué te sentís así, pero querrás escuchar ese sentimiento.

Ese es tu inconsciente, es inteligente, te conoce y quiere *ayudarte*.

Escuchalo siempre.

Así que tu consciente y tu inconsciente almacenan tus recuerdos, y juntos definirán una gran parte de quién sos y en quién te vas convirtiendo con el paso de la vida.

Sí, mi querido Julián, el cuerpo es una cosa asombrosa, a veces confusa, y también lo es la mente, pero también son de las mejores cosas que tenemos cuando salimos al mundo para ayudarnos a vivir nuestras vidas.

¡Y vos tenés el tuyo, tu propio cuerpo!

Quiero que aprendás sobre él, que aprendás cómo funciona y cómo cuidarlo bien, para que podás amarlo. El cuerpo y la mente son tus mejores amigos. Te llevarán lejos y te brindarán experiencias increíbles más allá de tus sueños.

Todo lo que estás experimentando en este momento es parte de todo; sin embargo, todos estos recuerdos que se crean para vos mientras hablamos se almacenarán de forma segura en el cofre inconsciente dentro de tu mente. No podrás recordar cómo aprendiste a caminar, tus primeros pasos, tus primeras palabras. ¿Por qué? Porque así es como funciona la naturaleza. Creo que sería mucho recordar, e incluso podría ser abrumador, pero la buena noticia es que habrán fotos, videos y más para recordarte muchos de esos momentos. ¡Oh tiempos felices que ya atesoro por dentro!

Te veo ahora, tan pequeñito y perfecto, y veo todo lo que podés llegar a ser. Veo tanta luz, tantos destellos de asombro y emoción, mi querido Julián. Tendrás tantos recuerdos y todos serán *tuyos*, de nadie más, lo que significa que tu personalidad y tu conciencia serán como las de nadie más. Sos *único*, mi pequeño.

Tu cuerpo y tu mente te darán siempre señales para que los cuidés bien, para que disfrutés de toda las aventuras que querás hacer. En este momento, tus padres y las personas que te rodean y que te aman profundamente están haciendo esto por vos, enseñándole a tu cuerpo cómo es sentirse *bien*, mostrándote día a día el cariño y los pasos para que eventualmente podás tomar el control y continués viviendo en un cuerpo y una mente feliz.

Tu viaje por la vida ha comenzado, querido Julián, y no veo la hora de ver la personita en la que te irás convirtiendo con el paso del tiempo.

CAPÍTULO 3

EL LUGAR EN EL QUE VIVIMOS

---

*Al dar los siguientes pasos,
descubrimos lo que nos rodea,
y encontramos todo éste mundo nuevo que
sucede afuera de nuestros cuerpos.*

CARTA UNO
¿Qué es el Hogar?

Querido Julián,

Recuerdo muy bien que aún estabas en el vientre de tu mamá cuando ya estabas de viaje. Así me llegó la noticia de tu venida desde el otro lado del mundo. Y tan solo dos meses después estaríamos viajando todos juntos, desde los cafetales costarricenses hasta las mágicas montañas escocesas, un lugar que está a todo un océano de distancia de casa.

Cuando supe que vendrías, estaba haciendo mi propio viaje alrededor del mundo y tal vez, sin saberlo, estaba alineando experiencias e historias para vos, para este libro que ahora te dará un pequeño y jugoso vistazo del mundo que conocerás con el paso de los años.

Pero antes de ir más lejos, debemos empezar por casa.

El hogar, para todos los que nacemos del vientre de nuestra mamá, se llama Tierra, un lugar hecho de agua, tierra, cielo, sol, pájaros y árboles, un lugar tan vasto y ancho que es casi imposible ver cada rincón de la Tierra en una vida. También lo llamamos *mundo* . Las personas que viven en la Tierra se llaman humanos: como vos y yo y toda nuestra familia, amigos y extraños también. Las personas viven en todos los rincones del mundo y debido a la inmensidad de las distancias y más, las personas tienen diferentes miradas, tradiciones, formas de hablar y creencias.

Pero no te confundás, querido Julián. Tener diferentes miradas, tradiciones, formas de hablar y creencias no cambia nada con respecto a nuestro valor como seres humanos. Todos tenemos el mismo valor y el mismo deseo de ser felices y amados, sin importar dónde vivamos, el color de nuestra piel o las tradiciones que practiquemos. Es simplemente la cosa más hermosa.

Este mundo es tan maravilloso que las personas hablan diferentes idiomas y comen cosas diferentes de las que ya estás aprendiendo en casa. Hay miles de formas increíbles de vivir y de entender la vida, y espero poder mostrarte al menos una pequeña parte de este gran mundo. Cuando salimos y vemos cómo viven otras personas, qué comen y cómo suenan debido a su idioma diferente, el mundo se vuelve simplemente más hermoso. Más grande y más pequeño al mismo tiempo. Te da una sensación de asombro más grande que la vida misma.

Personalmente, he descubierto que moverme por el mundo me da una sensación de propósito y una sensación de felicidad que no se puede comparar con nada más. Moverse por el mundo para aprender y disfrutar de nuevos conocimientos y experiencias es lo que llamamos *viajar*. Para mí, viajar ha sido mi motor y la forma en que he ido descubriendo cómo ser la mejor versión de mí misma. Es mi forma de entenderme, de entender a las personas y a la vida. Viajar es mi forma de sentir profundamente y sacar lo mejor de mí para ayudar a los demás. No tengo ninguna duda de que algún día llegarás a sentir todas estas cosas de muchas maneras diferentes, pero lo más importante, será tu manera especial. Porque sos único, como lo somos todos.

Y mientras viajamos, siempre volvemos a casa también, querido Julián.

Ese lugar en donde viven nuestros padres, donde crecemos, hacemos amigos y donde aprendemos a experimentar la vida desde el comienzo. Tu hogar será siempre el lugar más importante que tendrás en el mundo.

El hogar es ese lugar donde se crean y se guardan nuestros recuerdos y pertenencias más preciados y llenos de amor. Puedo asegurarte que tu hogar es uno rodeado de amor como lo sos vos, un gran regalo de amor que llegó a iluminarnos la vida. Es posible que a lo largo de la vida tengás más de una casa. Esto sucede porque a veces los padres se mudan a una casa más grande para que los niños puedan tener un jardín y un perro, como Mac, ese pequeño y dulce terrier escocés que a veces te chupa los pies haciéndote reír. Mac es adorable y ha estado viviendo con vos y cuidándote desde el día en que llegaste a casa, a tu nuevo hogar.

¿Sabés qué es gracioso, Julián?

Ese primer día que llegaste a tu nuevo hogar, Mac estuvo esperando ansiosamente durante dos días. No tenía idea de lo que estaba a punto de suceder. Llegaste a la casa y él se sobresaltó... completamente desorbitado pero también seguro de que había algo nuevo y diferente. Él podía oler algo detrás de todas esas suaves cobijitas de bebé. No podía acercarse porque eras pequeño y frágil como lo son todos los bebés, pero sabía que lo que sea que estaba sintiendo con su nariz también era extremadamente dulce. Oler es lo que hacen los perros para conocer su mundo y su entorno, y Mac sin duda intentó olfatearte por todas partes...hasta que lanzaste un primer llanto y Mac, muy confundido, ¡ladró fuerte de inmediato! Creo que tu dulce llanto podría haberle parecido el maullido de un gato ¿No es encantador? Mac ladró un par de veces hasta que entendió que no era un gato sino un bebé, también algo nuevo para él. Y así es como ustedes dos se convirtieron en nuevos compañeros de vida.

CARTA DOS
¡Vamos A Explorar!

Los días comenzaron a pasar y continuaste creciendo y convirtiéndote en un miembro encantador de este mundo con cada risa, cada llanto, cada toque de tu piel tratando de alcanzar todo lo que veías por delante. Pasaron los días y ahora tenés un año, todavía sos un bebé pero ya no sos un recién nacido, mi querido Julián.

Ya estás aprendiendo a gatear y casi dando tus primeros pasos por tu cuenta. Qué increíble es sentir que se avanza, ¿no? Puede que no seás consciente de ello en este momento, pero este sentimiento es el que te guiará a lo largo de la vida. Avanzar es para vos en este momento meramente una cosa física, pero también se convertirá en algo emocional. Algo que habla de logros, realización y sobre sentirse feliz.

Con cada gateo que estás haciendo en esta etapa, te veo maravillándote al tacto de cada insecto, hoja y polvo en tu camino. Te veo palpando con las manos, queriendo agarrarlo todo y aprendiendo que si levantás una mano, tu cara se cae al suelo. Veo que te encanta cada vez que te ponés de pie en tu cuna, sosteniéndote con las manos desde el borde mientras mirás a tu alrededor y hacés movimientos de baile con la música cuando estamos todos reunidos alrededor tuyo. Tenés una mirada hermosa, curiosa y brillante en tus ojos que me dice que sabés que todo esto está bien.

¡Sí, ya alcanzás a estar de pie!

Pronto estarás caminando de prisa ¡y será tan divertido! Como pronto descubrirás, caminar te permitirá explorar cosas nuevas que tu cuerpo ahora está preparado para abrazar, ver, oler, oír y saborear. Tu cuerpo se ha estado desarrollando durante doce meses para prepararte para este momento. Primero podrás experimentar tu hogar y todo lo que hay en él. Pero también podrás explorar el jardín exterior de tu casa, esa zona verde que tiene árboles, plantas y todo tipo de criaturitas voladoras y caminantes. También descubrirás la casa de tus abuelitos y tu jardín de infancia. ¡Hay tanto por descubrir!

Pero no son solo cosas. Habrá gente también. Te encontrarás caminando entre piernas de todas las alturas, mirarás mucho hacia arriba y reconocerás caras allí arriba, caras con grandes sonrisas, que te sonríen y te alcanzan con sus brazos. ¡El mundo es totalmente tuyo mientras vas caminando por la vida, querido Julián!

CARTA TRES
¿Qué es el Aire Libre?

Ahora, comencemos con el jardín más en detalle, porque ahí es en donde pasarás mucho tiempo y simplemente te encantará.

El jardín (cualquier jardín) es un área que generalmente está cubierta por una cosa verde y picuda llamada zacate o césped. Recuerdo cómo me encantaba jugar en él durante horas, seguidas por una picazón en toda la piel que se iría al cabo de un rato. Luego supe que era una alergia leve que solía tener. Muy normal entre los niños. Afortunadamente nunca me impidió trepar árboles, saltar al río al pie de la loma o jugar entre las vacas en la finca, donde tus queridos Abo y Aba.

Verás, el césped es bueno no solo porque hace que los jardines se vean bien, sino también porque tiene muchos usos diferentes que ayudan a otros seres vivos. En la hierba podrás encontrar animalitos tan diminutos que pasarán desapercibidos la mayor parte del tiempo. Pequeños animales como hormigas, arañas, insectos y gusanos. Todos estos viven dentro de la tierra, la hierba, el suelo y las plantas. Se alimentan de todo, se ayudan mutuamente a mantenerse vivos y saludables y ayudan también en el balance de toda la naturaleza. ¡Es realmente fascinante!

Tenés todo un mundo ahí por explorar en tu jardín, y no tengo la menor duda que te divertirás por horas. Así que adelante, ¡a jugar se ha dicho!

Hasta la próxima,
Tía Mariana

CARTA CUATRO
¿Qué es la Curiosidad?

Querido Julián, ya has descubierto muchas cosas, como las plantas - esas cosas bonitas y coloridas que se levantan de la hierba o que viven en esos hermosos maceteros alrededor de la casa. Como la orquídea morada y blanca que está en tu cocina, o esas enormes flores blancas en la sala de tu abuelita. Me he dado cuenta de que tenés una forma muy tierna de acercarte a ellas, y me encanta. Con el dedito meñique hacia arriba tratás de alcanzarlos suavemente, para ver cómo se siente y cómo es. Tu habilidad natural en este momento es tocar con ternura de esa manera y luego, con un chasquido rápido, tirar de él hacia tu boca. Sos adorable.

Realmente amo y admiro cómo sos tan valiente, querido Julián. Me gusta pensar que todos solíamos ser así cuando éramos niños, explorando el mundo por primera vez. No es que perdamos esa valentía a medida que crecemos, pero la vida, a veces, tiene una forma de hacernos perder la curiosidad. Haré todo lo posible para ayudarte a mantener intacta tu curiosidad, como estoy segura de que tu papá y tu mamá también lo harán. ¡Son expertos en ser curiosos!

Sí, creo que la curiosidad es lo que nos hace creer en el mundo y confiar en nosotros mismos en el proceso de ir conociéndolo todo. Sin curiosidad, los humanos no pensarían en hacer cosas nuevas. Sin curiosidad, nadie saldría a buscar algo diferente, a probar experiencias nuevas. **La curiosidad, querido Julián, se puede definir entonces como el sentimiento involuntario de querer descubrir y explorar algo desconocido para nosotros.** Y sin ella, nuestra experiencia del mundo sería muy diferente.

Si hay algo que vale más que nada en esta experiencia de vivir y que debemos cuidar a toda costa, es la maravillosa curiosidad de un niño. Si tan solo logramos alimentarla para que se mantenga viva, la vida será sin duda el mejor viaje de todos.

CARTA CINCO
¿Qué Hay Alrededor de Nuestra Casa?

El mundo es un lugar vasto, mi querido Julián.

El mundo en un **sentido físico** es este lugar donde nacemos y donde vivimos, lo llamamos Tierra, ¿recordás? Es esta bola gigante de tierra, agua y fuego que está viva gracias a todos estos elementos combinados con el calor y la luz del sol todos los días, fuentes que también mantienen vivos a los humanos.

En el **sentido social**, el mundo podría entonces describirse como el lugar donde interactuamos unos con otros. El lugar donde diferentes culturas, idiomas y tradiciones se combinan para crear el collage de colores, sonidos, paisajes y sabores más hermoso.

Si profundizamos un poco más, en un **sentido emocional**, el mundo es ese lugar dentro de cada uno de nosotros donde sentimos, imaginamos y pensamos las cosas desde nuestra propia perspectiva. También es la forma en que interactuamos con otros seres humanos lo que genera una gran variedad de acciones y reacciones, de gestos y expresiones. Porque emocionalmente hablando, somos seres realmente profundos y complejos.

Es increíblemente único cómo experimentamos el mundo dentro de nuestras propias cabecitas y circunstancias. El mismo mundo se sentirá y se verá de manera muy diferente para un niño de la misma edad que vos, pero que ha nacido en una ciudad al otro lado del mundo, donde han crecido y se han desarrollado en una tradición y un idioma diferentes. De la misma manera sería diferente a un niño de tu edad nacido en la misma ciudad que vos, pero en una circunstancia social diferente a la tuya.

El mundo puede parecer aterrador a veces, pero te prometo que está lleno de magia más que nada. Descubrirás que la vida tal como la conocemos es un tipo de experiencia y siempre debés recordar que la vida es así: un gran viaje.

Un viaje como muchos que has hecho hasta ahora.

Hay viajes que has hecho al parque, a la playa o a la casa de tus abuelitos. ¡Eventualmente en la vida, también harás viajes más largos y es súper emocionante! ¿Sabés por qué? Porque todo significa que siempre hay algo nuevo por descubrir al otro lado de lo que ya conocemos. Siempre algo nuevo para ver, para saborear, para escuchar. Un idioma, nuevas palabras, nuevos sonidos, nuevos sabores diferentes a los de casa. ¿Te imaginás lo emocionante que sería agarrarlo todo y llevártelo a la boca solo para seguir explorando, tal y como lo estás haciendo ahora?

Hay un mundo inmenso ahí fuera para ir a sentir y saborear, ¡sí!

CARTA SEIS
¿Qué Más Hay Ahí Fuera?

Porque, verás, resulta que nacemos en un lugar. Uno en el que nos han llamado de alguna manera, pero ese lugar no es la única verdad que conocerás. Ya sea que viajés o leás libros al principio, con suerte descubrirás cuántos mundos existen dentro de este que llamamos hogar.

Quién sabe, tal vez incluso cuando seás grande, ¡habrán más hogares y planetas para elegir! No es algo que tengamos todavía, pero ciertamente ya está en el panorama. Resulta, querido Julián, que la Tierra es un planeta entre otros 8 que conocemos. Estos planetas dan vueltas y vueltas cada año alrededor del sol, esa luz gigante en el cielo que se siente cálida cuando salís cada mañana. Tomá nota: ¡el sol es una estrella! Tan diferente de los libros de cuentos, ¿verdad? Resulta también que este conjunto de planetas con sus propias lunas y el sol se llama Sistema Solar, porque todos giramos alrededor de ese mismo sol.

A medida que la tecnología, como las computadoras y las máquinas, y el conocimiento han evolucionado a lo largo de los siglos, ahora sabemos que el Sistema Solar es solo una pequeña parte de un cielo más grande, oscuro e infinito que llamamos Universo. Y en este Universo hay muchas más estrellas, planetas y quién sabe qué más de lo que ni siquiera podemos pensar o imaginar en este momento. Es lo más increíble de todo, y por suerte vivimos en este pequeño y rico lugar que tiene vida propia, la Tierra.

¿Te imaginás descubrir seres reales en otros planetas, sistemas y galaxias allá muy lejos? ¡Es algo emocionante en lo que pensar! Ciertamente alimenta buenas historias, creatividad y ciencia también. Todo lo que ha permitido a la humanidad comprender desde el mundo desconocido allá arriba en el Universo es gracias a la **curiosidad** humana aplicada a la ciencia.

Bendita curiosidad. Todo es muy interesante, ¿lo ves? Ay, el mundo. Me encanta. Me encanta saber que sé tan poco al respecto, porque me inspira a ir y explorar. Para alimentar mi curiosidad y dejar que se expanda con cada cosa nueva que descubro. Por eso leemos y conocemos gente nueva, y también por eso viajamos por todo el mundo. Para explorar, aprender y expandir nuestro conocimiento de todo, lo que eventualmente nos lleva a descubrir nuestro mundo interior, ese interior emocional dentro de nosotros. ¿Podés ver cómo se relaciona todo y cuán importante y maravilloso es, querido Julián?

Esta loca tía tuya (osea yo) está particularmente enamorada de viajar, como te dije antes.

No puedo decir cómo, por qué ni cuándo fue el momento exacto que me hizo sentir una profunda chispa de curiosidad sobre otros lugares fuera de casa. Simplemente no lo sé, pero tengo algunas pistas que me recuerdan la primera vez que viajé en avión: un tubo metálico volador gigante donde las personas van sentadas mientras son transportadas de un lugar a otro, generalmente recorriendo distancias que no pueden hacer en carro o en barco. ¡Ir en avión es en realidad volar por el cielo!

Sí, para viajar por el mundo y descubrir más de él, tenemos varias opciones. Podemos caminar, que ya estás aprendiendo (¡y puedo decir que lo estás dominando rápidamente!). También podemos ir en bicicleta, una estructura de dos ruedas que se mueve gracias al esfuerzo que ponés en tus piernas para hacerlas rodar. Creo que después de aprender a caminar, pronto aprenderás a andar en bicicleta. ¡Y será muy divertido! Andar en bicicleta en el parque, en el jardín, y a medida que crecés, podés pedalear por el país y hasta por el mundo. Tu papá, tu tío Tebis y tu Abo Quique han sido particularmente aficionados a las bicicletas, así que estoy segura que un día podrán salir a pasear juntos en bici.

Sí, andar en bicicleta es una de las cosas más emocionantes que podemos aprender. Te da esta sensación de libertad a medida que comenzás a moverte lo suficientemente rápido para llegar a lugares más lejanos y lo suficientemente lento para disfrutar de las vistas y sentir el viento en la cara. Aprendí a andar en bicicleta cuando tenía alrededor de 6 o 7 años. Me caí al suelo y al césped más veces de las que puedo contar y fue igualmente emocionante volver a intentarlo una y otra vez.

Luego, podemos viajar por medios aún más rápidos: en carro, en tren, en barco y en avión. Cada uno de ellos irá más rápido y más lejos. Uno va por tierra, el otro por agua y el último por aire, y todos te dan un sabor diferente de cada viaje.

Lo cual es genial porque significa que ¡no hay excusa para quedarse en casa! Podés ir y descubrir otros jardines, otros parques, otros pueblos, otras ciudades, otros países y otras personas. Empezás en casa y de ahí vas avanzando, poco a poco, cada vez un poco más lejos a medida que crecés. No puedo esperar a verte en tu primer viaje en barco y en avión. Por lo general significa que nos vamos a otra parte del mundo diferente de casa, y éste es uno de los sentimientos más emocionantes en mi opinión.

Sentir ilusión por explorar y por viajar, ya sea lejos o cerca, es una clara señal de que amamos esa sensación de curiosidad y conexión que nos acerca a otros seres humanos, por muy diferente que sea su realidad a la nuestra. Es simplemente fascinante aprender, y aún más sentirlo todo.

CARTA SIETE
¿Dónde Vivimos?

Sí, el mundo es maravilloso y me declaro amante del mundo, con ganas constantes de aprender más, sentir más, escuchar y saborear más. Eventualmente, cada viaje nos traerá de regreso a casa, cambiados, con un mayor conocimiento de nosotros mismos. Y mientras seguimos descubriendo nuestro mundo interior, el exterior se convertirá siempre en un mundo mejor y más pleno para vivir. Depende de nosotros mismos convertirlo en un lugar donde nos sintamos bien, tanto por dentro como por fuera.

¿Ves la conexión, mi dulce niño?

El mundo es simplemente mágico. Y podemos jugar por siempre en él. Gracias por recordarme cómo jugar de nuevo, mi querido Julián.

CAPÍTULO 4

¿QUIÉNES SON TODAS ESTAS PERSONAS?

Después de descubrirnos a nosotros mismos y el mundo que nos rodea, descubrimos una capa más de la vida: las personas que nos rodean.

CARTA UNO
La Familia En La Que Nacemos

¡Hola querido Julián!

Es hora de hablar sobre las relaciones: esas interacciones y sentimientos que tenemos hacia las personas que nos rodean a lo largo de la vida.

Efectivamente es desde el primer día cuando ya tenemos vínculos con personas que nos reciben con cariño en esta vida, que nos guían, que nos ayudan y que comparten con nosotros.

Las primeras relaciones con las que tendemos a encontrarnos son aquellas con la familia, es decir, tu papá, tu mamá, tus hermanos (si los hay), seguidos de la familia extendida como tíos, tías, abuelitos y primos. Sé que para vos y para mí, la familia es algo importante. En ésta parte del mundo donde vivimos, las familias son una gran cosa, no solo porque crecemos muy cerca unos de otros, sino también porque son grupos muy grandes de personas.

Esta no es la regla para todos en el mundo. Hay niños que no tienen hermanos o hermanas, tal vez solo uno o dos tíos, tal vez ninguno. Hay niños que no tienen mamá ni papá, o tal vez dos mamás o dos papás. Hay niños que tienen cuidadores especiales, y también familias adoptivas que son exactamente familia. Como verás, mi querido Julián, hay mucha variedad, lo que significa que no hay nada correcto o incorrecto, solamente diferentes experiencias de vida.

Por ejemplo, solía haber un lugar, un país muy grande en donde a la gente solo se le permitía tener un bebé por familia. Suena loco para nosotros en nuestro lado del mundo, ¿verdad? Sin embargo, ha sucedido en la historia de la humanidad. Como aprenderás, hay infinitas definiciones de familia, pero una cosa siempre será cierta sin importar dónde, qué, quién o cómo y es ésta:

> *La familia es el grupo de personas que te ama sin condiciones, que te apoya y que quiere guiarte y estar con vos a medida que avanzás. La familia realmente quiere que seas feliz. La familia será tu apoyo físico tanto como tu apoyo emocional. La familia es ese grupo de personas cariñosas con las que te relacionás, sean de sangre o no, que ves con frecuencia, que te ayudan y viceversa, y que te corregirán cuando sea necesario. La familia es un grupo de personas unidas por un amor incondicional. Y dejame decirte, mi querido Julián, que la tuya es una de las familias más cariñosas, fuertes y admirables que he visto. Y sí,*

me incluye a mí. ¡Somos infinitamente bendecidos!

La familia nos da a todos un sentido de pertenencia y confianza que no encontrarás en ninguna parte. Y es a través de este sentido de pertenencia, amor y confianza que podrás desarrollar el amor por vos mismo, dándote confianza, fuerza y mucho amor para dar y contagiar. Todas estas serán las principales herramientas que necesitás para explorar la vida con bondad en tu corazón, querido Julián.

No importa cómo se vean las familias dondequiera que vayás, lo importante es saber que todos tenemos una y todos deseamos y merecemos ese mismo tipo de amor. Todos queremos lo mismo al final de cada día: amar, sentirnos amados y aceptados.

Y con el amor vendrá la comprensión, la aceptación, la felicidad, la realización, la tolerancia, la alegría y mucho más. También habrán cosas difíciles, unas veces más que otras, pero la magia de las familias puede hacer que lo superés todo y salgás más feliz, más fuerte y más tranquilo que nunca. La familia es probablemente nuestra primera y más importante escuela de vida, querido Julián.

Las familias están destinadas a ser buenas, como la tuya y la mía. Y debemos continuar esta cadena de bondad porque es buena para el mundo que nos rodea. Vinimos a una familia buena y amorosa por una razón. Y esa razón es que jamás dudemos de nosotros mismos y de lo amados que somos. Con esta certeza en nuestros corazones podremos ayudar a otros a encontrar la familia que necesitan, para que puedan crecer y evolucionar y así ayudar a otros también.

¿Ves, mi pequeño?

Amor.

El amor lo es todo.

Y la familia es donde todo comienza, querido Julián.

Pd: Vení, tomá asiento en la mesa familiar, aquí está tu lugar. Porque sos y serás siempre parte de ésta familia. Tomala, abrazala. Es tuya completamente y a todos nos encanta que estés aquí. Nunca lo dudés, ni siquiera por un segundo ¿de acuerdo?

CARTA DOS
La Familia Que Elegimos

Además de la familia, con el paso del tiempo encontrarás nuevas personas que también te darán un sentido de familia. Los llamamos amigos y tendrás muchos de ellos a lo largo de tu vida. Algunos pueden permanecer y algunos pueden ir y venir. Esto es natural. Todos crecemos y evolucionamos, y la belleza de esto es que aprendés sobre ellos tanto como aprendés sobre vos mismo. Mucha gente dice que los amigos son tu familia elegida. Ese grupo de amor y apoyo incondicional que no está atado por sangre o genética sino por lazos invisibles de confianza, lealtad, apoyo amor y cariño.

Las relaciones son maravillosas, querido Julián. Son una parte esencial de la vida. Es gracias a nuestra interacción con los demás que aprendemos cómo experimentar el mundo y cómo lidiar con la vida.

Hay relaciones de todo tipo, no te voy a mentir. Algunas son más fáciles que otras. Algunas son desafiantes, otras son especiales y perfectas, y cada una dura el tiempo que sea necesario. Habrá un poco de todo y esto lo irás comprendiendo a medida que te relaciones y sintás a los demás, y sobre todo, en cuanto aprendás a entender cómo *vos* te sentís al relacionarte con los demás.

Porque las relaciones y ser social, querido Julián, no se trata realmente de ellos sino de nosotros mismos en primer lugar. Cómo nos sentimos, cómo nos hacen sentir, cómo aceptamos sentirnos, cómo hacemos sentir a los demás. Y todas estas cosas las conocemos cuando vamos aprendiendo a comunicarnos y a expresar nuestros sentimientos.

Lo que me trae a lo que probablemente sea una de las reglas más importantes en las relaciones humanas: la **comunicación**. Hablaré más en detalle sobre esto más adelante, pero dejame darte una pequeña introducción.

Al relacionarnos con los demás, como ya lo estás haciendo con tus padres, con tus profesores, con tus compañeros de guardería y con el resto de la familia, debemos aprender a comunicarnos. Esto significa que debemos aprender (y que nos enseñen) cómo expresar todo lo que sentimos o pensamos en diferentes momentos.

Al lograr hacer esto, realmente vamos aprendiendo a definir una gran parte de quién somos, lo que nos gusta, lo que no nos gusta y a saber decirlo sin temores, sin dificultades. Esto genera un gran sentido de seguridad que te va a ayudar a navegar muchos otros momentos importantes de tu vida. Decir lo que pensamos y sentimos, siempre desde la calma y el amor, será la mejor fórmula para vivir tranquilo y ser feliz, mi querido Julián.

CAPÍTULO 5

¿CÓMO NOS RELACIONAMOS?

Sobre cómo nos relacionamos con quienes nos rodean y cómo todo esto crea la parte más significativa de la vida.

CARTA UNO
¿Qué Hablamos?

Querido Julián, hablemos.

¿Recordás cuando te dije cómo el cuerpo aprende a explorar y disfrutar satisfaciendo la curiosidad, sintiendo, viendo y escuchando cosas? Bueno, nuestra capacidad de **hablar** es una gran parte de eso.

Hablar es cuando aprendemos a usar nuestra voz (el sonido que sale de nuestra garganta, bueno, eso sin contar los eructos, claro). Usamos nuestra boca para dar forma a estos sonidos en palabras, frases y otras partes del idioma y la cultura en la que nacemos, lo que nos permite expresarnos. A través del habla transmitimos ideas, sentimientos, pensamientos y necesidades, tanto complejos como simples.

Cuando tenés hambre o estás incómodo, llorás. Todavía no podés hablar este idioma que hablamos (llamado español, uno de los idiomas más hablados en el mundo), pero ciertamente has aprendido a comunicarte cuando necesitás algo, o cuando te gusta o no te gusta algo. Hacés un pequeño ruido de enojo y disgusto, o sonreís alegremente de una manera que te hace lucir lindo.

¡Es fantástico ver que ya lo estás haciendo! En poco tiempo, te comunicarás aún más, diciendo palabras en conversaciones largas y más allá. Sin darte cuenta, estás aprendiendo las reglas que convierten el lenguaje en significado.

La buena comunicación hace una buena vida, querido Julián. Esto es realmente importante.

A través de la comunicación podrás crear relaciones amorosas, fuertes y confiables, que te harán sentir seguro y libre.

La comunicación es libertad, mi pequeño. Y es un arte precioso que aprendés a dominar sobre la marcha, relacionándote con los demás, aprendiendo de los demás y midiendo tu lugar en la sociedad. Realmente espero que ésta lección nunca se escape de tu memoria. Aprender a comunicarse efectivamente es desarrollar todo tu potencial como miembro de la sociedad. Será útil en todos los aspectos de tu vida.

¡Entonces! He mencionado cómo hay algunas reglas básicas para las relaciones, y *comunicación* es la primera.

La segunda regla es una que traerá mucha paz y equilibrio a tu vida, y se llama *respeto*.

CARTA DOS
¿Cómo Nos Entendemos?

Respeto es cuando estás abierto a escuchar las palabras, opiniones y puntos de vista de otras personas. Todo el mundo tiene derecho a ello, a pensar diferente, y todos debemos respetar las opiniones de los demás, inclusive cuando no estemos de acuerdo. Es gracias al respeto que podemos vivir en un mundo donde las personas pueden elegir en qué creer y cómo vivir, siempre y cuando nadie haga daño a otro ser humano.

El respeto es un sentimiento, querido Julián.

El respeto es un sentimiento de querer aceptar a otra persona tal como es, y esto es algo hermoso y poderoso.

El respeto nutre al amor, y el amor permite que las relaciones crezcan. En otras palabras: debemos evitar tratar de cambiar a las personas y, en cambio, debemos tratar de *comprenderlas*. Es posible que pensemos cosas diferentes a lo que ellos piensan, pero aun así podemos disfrutar de su compañía, y si los escuchamos lo suficiente y durante el tiempo suficiente, podríamos aprender sus puntos de vista sobre la vida y algo nuevo sobre el mundo en el que vivimos.

Es gracias al respeto que todos vivimos una vida generalmente tranquila en nuestras sociedades, y en grandes grupos de personas desconocidas cuando estamos en público. Es gracias al respeto que las personas generalmente no buscan lastimarse entre sí. Es gracias al respeto que sentimos el deseo de ayudar, escuchar y mostrar apoyo a las personas que no conocemos. Todas estas son cosas muy buenas y esenciales.

Pero hay un tipo de respeto del que casi nadie habla, y lo haré aquí porque es realmente importante y debería estar en lo más alto de la lista de cosas que debemos saber. Se llama *autoestima*.

Sí, el respeto que tenés hacia vos mismo, querido Julián.

De la misma manera en que aprendemos a respetar a los demás, debemos aprender a respetarnos a nosotros mismos. Cuando hacemos eso, sabemos lo que queremos y lo no queremos que los demás nos hagan. El respeto propio significa que creás tus propios límites; límites saludables que te hacen sentir bien cuando interactuás con otras personas. Significa que podés elegir cómo reaccionás a todo, incluso cuando no *podés* elegir las cosas que te suceden. Este respeto por uno mismo está muy ligado a cuánto te preocupás y pensás en vos mismo y cuánto te conocés como persona. Sos una mezcla de lo que aprendés, de lo que te enseñan y de lo siento rodea. Pero sobre todo, es aprender que aún y por debajo de todas esas capas de cosas que nos forman, somos una esencia única y es la que debemos reconocer y mantener siempre viva y feliz a toda costa.

Esto te da un sentido de personalidad, fuerza y calma que te permite hacer cosas y disfrutar de la vida, hacer las cosas de forma que te hagan sentir *bien*.

Cuando entendemos esto en cada etapa de la vida, podremos vivir plenos y así, con esta buena energía, podremos ayudar a otros a hacer lo mismo. La vida es una gran cadena de ayuda y experiencias. ¡Qué bonita verdad, querido Julián!

CARTA TRES
¿Sí o No?

En este punto, ya has aprendido mucho sobre el mundo y las personas que te rodean, y también sobre vos mismo, aunque quizás todavía no seas completamente consciente de *eso*, querido Julián.

Pero no te preocupés. Pronto aprenderás a entender quién sos, qué te gusta, qué cosas disfrutás y qué no. Todo se aclara con el tiempo. A medida que te vas dando cuenta de ésto, se volverá natural decir "sí" o decir "no" a las cosas.

Este es uno de los mejores ejercicios que podés hacer para tu autoestima.

En el proceso de decir sí o no a las cosas, establecés tus propios límites, y las personas que te rodean aprenderán a reconocer esos límites y te respetarán por ellos.
Cuando sabemos decir sí o no con amor y con respeto, será fácil para las demás personas el aprender a conocernos conforme crecemos. Los adultos nos enseñan cosas pero no seremos sólo eso que nos enseñan. Si fuese así seríamos todos una copia de nuestros padres. Y la realidad es que no lo somos, sino que somos nuestra propia persona. Y conforme crecemos tenemos una voz

y un derecho a expresar y a reconocer lo que pensamos y sentimos.

Por ejemplo, ya sabemos que te encanta que te lancen por los aires, volando y cayendo en los brazos de tu papá, y sabemos también que no te gusta en absoluto que te aprieten fuerte. Sabemos que te encanta tocar las flores y sabemos que no te gusta el sabor del camote.

Tal vez no podás decírnoslo todavía, pero la reacción de tu cuerpo a estas cosas es como un "sí" o un "no", y cuando actuamos de acuerdo con esas reacciones, respetamos tus necesidades como persona. Aprendemos sobre tus necesidades en tu proceso de experimentar el mundo.

En el proceso de decir sí o no, nos estás enseñando constantemente quién sos, y eso es muy importante para nosotros y para todas las personas con las que vas a interactuar a lo largo de tu vida.

Eventualmente, cuando la vida parezca volverse un poco más compleja y comencés a pensar más profundamente al respecto, aprenderás tu lado emocional.

Tu carácter y personalidad.

Lo que te gusta de vos mismo y de los demás.

Lo que aceptás o no podés aceptar de vos mismo y de los demás.

Qué cosas te hacen sentir feliz o triste, enojado o tranquilo.

La vida se trata de sentimientos, y aprender a reconocer los tuyos propios y volverte *emocionalmente consciente* de tu propio ser será la clave para llevar una vida fiel a vos mismo.

La vida es un proceso, y a medida que crecemos, evolucionamos y cambiamos. Nuestros sentimientos, puntos de vista y gustos cambiarán también. Es totalmente normal, totalmente permitido, y nadie debería decirte nunca que no podés cambiar de opinión sobre lo que sea. (O si lo hacen, deben ser *respetuosos* al respecto).

Así se construyen las relaciones, mi querido Julián. Se basan en la comunicación de nuestras elecciones y necesidades, sobre una base de respeto y amor por uno mismo. Porque las relaciones van en ambos sentidos. Damos y recibimos. Aprendemos siempre unos de otros.

Y para lograr esto, debemos trabajar *juntos*.

Una forma de destruir por completo cualquier posibilidad de trabajar juntos es juzgarse unos a otros.

Así que hablemos de esto a continuación.

CARTA CUATRO
¿Cómo Conoce la Gente Nuestros Secretos Más Profundos?

El tercer mandamiento de las relaciones: *no juzgar*.

Cada persona en este mundo, como vos y como yo, tiene todo un universo de cosas que suceden dentro de sí mismos. Es imposible saber cómo son realmente esos universos. Todo lo que recibimos son pistas, mensajes, sombras y luz. Pero nunca lo sabemos realmente.

Y es aún más difícil entender lo que sucede en el corazón de otras personas.

Las personas enfocan la vida según como se les ha enseñado o como han aprendido. Ya estás aprendiendo estas cosas vos mismo. Sos un ser humano en pleno funcionamiento, aprendiendo de todos los que te rodean.

¡Sos adorable y muy inteligente! Disfruto ver cómo te volvés más *vos* a medida que pasan los días.

Debido a que las personas tienen antecedentes únicos y todos crecemos de manera diferente, no es posible saber todo sobre cada persona que conocemos. Sin embargo, a veces es fácil pensar que esas otras personas *son* como nosotros, con las mismas necesidades y deseos. Fácil - y mal. Cuando hacemos esto, estamos *juzgando* - es decir, emitiendo un criterio negativo de algo que no sabemos basado en lo que sí sabemos.

Por eso, es fundamental aprender a no juzgar.

Juzgar, Julián, es formarse una opinión sobre alguien o algo que solo se basa en lo *que* ves, sentís y lo que te ha enseñado el mundo, y tus propias ideas de lo que está bien y lo que está mal en la vida.

El juicio crea conceptos erróneos. Creemos *que* entendemos, pero en realidad no es así. Esto crea divisiones, muros y límites entre las personas. Cuando nos sentimos incomprendidos, nos enojamos y nos ponemos a la defensiva. El juicio daña las relaciones e incluso puede romperlas por completo.

Las relaciones basadas en juicios rara vez funcionan y, por lo general, son realmente injustas.

¿Por qué los juicios son injustos? Imaginemos otro pueblo muy lejos de aquí, al otro lado del mundo. La gente allí vive diferente, habla diferente y cree cosas diferentes (que de ninguna manera están *mal*, son solo diferentes). El mundo es un lugar grande con una variedad infinita de personas, colores de piel, colores de ojos, idiomas, comidas, música, creencias, tradiciones y más. Todas ellas son formas diferentes, humanas, de entender el mundo.

Por eso no debemos juzgar sino aceptar y aprender de toda esa enriquecedora variedad.

En mi experiencia he aprendido que abrirse a otras visiones del mundo te hace más humilde, más feliz, más tranquilo y más sabio. Te permite disfrutar más y también abrazar tus propias creencias (a veces cuestionándolas de una manera útil).

Saber más sobre otros seres humanos realmente abre tu corazón, mi querido Julián, enseñándote lo gratificante que es aceptar a los demás con todas sus diferencias. Todos somos increíbles y todos tenemos algo que aprender unos de otros y que enseñarnos unos a otros. Si juzgamos, todo este conocimiento se bloquea. No se aprende nada, no se enseña nada y, finalmente, todo se pierde.

Eso es una lástima, ¿no creés?

Más allá de diferentes conocimientos, hay también diferentes *sentimientos*. Habrá todo tipo de personas dándote diferentes sensaciones. Esto se llama *vibración* o *intuición*.

Estás totalmente autorizado a elegir si alguien o algo se siente bien o no tan bien. Es tu vida, tu cuerpo y tus reglas, y cuanto más te involucrés con la sociedad y otros seres humanos, más importante será el saber escuchar a tu propia voz interna, tu intuición.

Recuerda el poder del Sí y el No. ¡Nunca te sintás mal por no sentir la misma vibra con todos! A todos nos pasa, y es completamente normal. Mientras te respetés a vos mismo y a los demás, lo suficiente como para confiar en tus sentimientos e intuición, crecerás como persona. Así es como funciona, mi pequeño.

La intuición, el respeto y el no juzgar son realmente la fórmula para crear y mantener relaciones humanas sanas. Nunca te olvidés de éstas tres cosas, querido Julián.

CARTA CINCO
¿Qué es el Sentido Común?

¡Hola mi querido Julián!

Hoy quiero hablarte de dos cosas llamadas *sentido común* y *empatía*.

Quiero que podás decir lo que pensás, todos tus pensamientos y tus sentimientos (y no importa si son niños o niñas haciendo esto, tienen el mismo derecho y la misma necesidad de ser escuchados).

Nuestros padres, abuelos y generaciones anteriores crecieron en un mundo con formas de pensar diferentes y más tradicionales a las que tenemos hoy, donde los hombres *tenían* que ser fuertes y no se les permitía llorar ni mostrar sus emociones en público. Las mujeres no podían estudiar ni ser profesionales.

En aquellos tiempos, el mundo estaba regido por diferentes creencias y tradiciones, por lo que el *sentido común* (un conjunto de creencias y tradiciones en las que todos están más o menos de acuerdo) era un poco diferente a la forma en que pensamos hoy.

"¡Claro que las mujeres no pueden estudiar!" "¡Ese es el trabajo de un hombre!" Estás y más frases sin comunes en esas formas anticuadas de pensar. Así solía ser el sentido común.

Y hoy en día, es de sentido común que, por supuesto, las mujeres *pueden* estudiar (o *deberían* poder hacerlo, porque desafortunadamente todavía existen lugares en el mundo que creen en la antigua forma de sentido común).

Sí, estos cambios son complicados, pero vivimos en un mundo que siempre está cambiando. Uno que continúa evolucionando en muchas direcciones, brindando nuevas oportunidades para que los humanos se conviertan en mejores personas. Sin embargo, esto conlleva una dosis de responsabilidad, que está en cada uno de nosotros para ayudar al mundo a evolucionar.

Tu Abo Quique me ha enseñado durante toda la vida que debemos aprender a tener sentido común. Un sinfín de veces me ha repetido ésto sin que yo tuviera ni idea de lo que significaba, hasta que logré entenderle y aplicarlo en mi vida.

El sentido común es algo que he llegado a describir como **una buena mezcla de guía interna, sabiduría aplicada, ser una buena persona y respeto en acción.**

El sentido común es algo que no podés tocar o apenas describir, sino algo que podrás reconocer en diferentes momentos de tu vida, algo que sólo se entenderá con el tiempo y con las experiencias, como la vida misma.

El sentido común suele ser un sentimiento que te permite elegir por vos mismo. El sentido común es una guía interior o GPS que todos tenemos, aunque no todo el mundo lo sepa escuchar.

Pero debido a que el mundo siempre está cambiando, el sentido común también lo está.

No siempre es fácil aprender a usar esta herramienta de la vida, pero confío en que todos lo vamos logrando con cada paso.

Gracias a Abo, quien me ha repetido esta palabra infinitas veces en la vida, ahora parece que entiendo lo que realmente significa, cómo se siente realmente y cuándo es mejor usarla. ¡Es fantástico! Es como una vocecita que te guía adentro tuyo, señalando las decisiones más inteligentes, sabias y verdaderas que debés tomar para vivir una buena vida.

Y no te preocupés por el miedo o la duda, querido Julián, porque tenés a muchos de nosotros a tu alrededor para guiarte hacia adelante. Cuando tu propia voz interior no sepa qué hacer a continuación, intentaremos recordarte cómo funciona para que podás desbloquearte y continuar.

Habrán tantas lecciones que te enseñarán cómo reconocer ese sentido común y cómo usarlo también. Algunas lecciones serán más fáciles que otras, pero eventualmente, tendrás una guía de por vida adentro tuyo hablando el lenguaje de tu corazón.

Escuchá siempre lo que tiene para decirte. ¡Será esencial!

CARTA SEIS
¿Qué Sentimos Por Los Demás?

Continuamos ahora con esa otra palabra nueva que mencionamos anteriormente...

La empatía es la razón por la que a veces podés notar la forma en que alguien se siente cuando entra en la habitación o se acerca a vos. Algo en sus rostros, cuerpo o gestos te dará un vistazo de una cosa que no podés ver pero que de alguna manera podés sentir...

Sus sentimientos.

Su *energía*.

Algunos de nosotros parecemos nacer con altos niveles de empatía, la capacidad de sentir lo que otros sienten.

A veces esto puede ser confuso, ya que esto no nos lo han enseñado nunca, y tampoco podemos decir de inmediato que esas vibraciones no son nuestras. Los sentimientos de otras personas pueden afectar a los nuestros, muchas veces sin que nos demos cuenta.

Hay personas que no pueden desarrollar tanto este tipo de empatía por muchas razones diferentes. Aun así, todo el mundo tiene *algún* nivel de empatía. Es tan natural para el ser humano como lo es el sentido común.

La empatía es algo grande y hermoso en la vida, querido Julián, ya que es otra forma de conectarse verdaderamente con otros seres. La empatía te permitirá brindar apoyo emocional cuando otros lo necesiten, o aceptar tus propias necesidades emocionales sin avergonzarte ni sentirte culpable por ellas.

En resumen, la empatía es increíble. Es lo más parecido a un superpoder que podemos conseguir en la vida real.

La empatía puede incluso salvar vidas, querido Julián.

Cuando alguien muestra un gesto de tristeza y sentís el deseo de preguntar y ayudarle a que desahogue su tristeza, un simple "¿estás bien?" puede cambiar por completo el mundo interno de una persona.

Las personas muchas veces pueden tener la necesidad de llorar o de recibir un fuerte abrazo en silencio.

Independientemente de lo que necesiten, siempre podemos ayudar a alguien a superar su día y ayudarlo a aliviar sus tristezas o penas (que a largo plazo podrían causarle problemas más grandes como la depresión y el rechazo a sí mismo). De esta forma, la empatía sí puede salvar vidas; y es hermoso.

En el otro lado del espectro de la empatía están los deseos de querer herir a otros, de hacer sufrir y hacer sentir dolor a otros. Cualquier deseo y acción que tenga la intención de lastimar o dañar a otro ser vivo son enemigos de la empatía, de la comprensión y de la humanidad.

¿Porqué pasa esto?

Pues esto no es fácil de responder, querido Julián. Pero una forma es sobre cuánto amor, seguridad, estabilidad, cuidados y cariño recibimos en nuestros primeros cinco años de vida. Cuando alguien carece de estas cosas, ya sea consciente o inconscientemente, habrán consecuencias emocionales que pasarán desapercibidas, pero que se manifestarán de diferentes maneras y comportamientos a medida que vamos creciendo, afectando no solo a una persona sino al conjunto de personas que llamamos sociedad.

Entonces, mi querido Julián, este es un pequeño recordatorio de cómo tener buenas relaciones que te llenen de amor y ganas de crecer.

Las buenas relaciones son aquellas en las que nadie te lastima a propósito y en las que vos no lastimas a nadie (ni a vos mismo) a propósito. Con la educación adecuada y las personas adecuadas a tu alrededor, donde siempre hay respeto, cero juicios y buena comunicación, donde el sentido común, la empatía y el amor son las reglas por las que se viven, hay muchas posibilidades de que te convirtás en un gran ser humano. Y lo bueno es que podés llegar a hacer ésto a cualquier edad a lo largo de la vida.

(Y recordá, cada vez que sintás que tu intuición te habla desde adentro, escuchala. Siempre tiene algo importante que decirte.)

CAPÍTULO 6

¿QUÉ ES LA FELICIDAD?

Sobre este sentimiento mágico que hace que la vida en la Tierra sea verdaderamente especial, y cómo aprender a navegarla.

CARTA UNO
¿Cómo Podemos Encontrar La Felicidad?

¡Es una época feliz, querido Julián!

De hecho, siempre lo es.

Dejame explicarte la felicidad, mi pequeño.

La felicidad es ese sentimiento de calma, alegría, satisfacción y amor que experimentamos hacia las cosas buenas que nos suceden a nosotros o a aquellas personas que amamos. Es una sensación que podés sentir en cada parte de tu cuerpo muy claramente, tan ligero como una pluma y con una sonrisa que no podés controlar. La felicidad hace que el mundo se vea más colorido y lleno de esperanza. Hace que todo se sienta mejor.

Es una de las sensaciones más hermosas. Y aunque no es posible ser 100% feliz el 100% del tiempo, definitivamente existe la posibilidad de sentir *algo* de felicidad en cualquier circunstancia de tu vida.

La felicidad, querido Julián, parece ser más como algo que vos *elegís*. No es algo que merecés automáticamente, o algo que esperás que te den. Es algo que vos hacés.

Es también una forma de pensar y de vivir. No es algo que podás ver o tocar, pero ciertamente podés sentir. A veces en tu pecho, a veces en toda tu piel, a veces mucho más profundo.

Me gusta pensar en la felicidad como esa sensación que me dice que estoy en el camino correcto, el que me lleva hacia donde quiero estar. Es una señal hacia mi mejor versión. Una señal de que voy bien; de que lo que sea que me hace sentir feliz es bueno para mí, y tal vez, incluso bueno para otras personas, e incluso para el mundo entero.

La felicidad puede venir de muchas formas y a través de todo tipo de experiencias, querido Julián.

Puede venir a través de la familia, un amigo o una pareja. También podría provenir de un logro por el que estás siendo recompensado, o bien de un viaje o el recibir un regalo inesperado, ¡como una bolsa de dulces!

La felicidad se puede encontrar en cosas simples, como estar en la playa, ir al parque a andar en bicicleta o pasar la noche en casa de los abuelos.

En definitiva, la felicidad es nuestro principal objetivo en la vida, querido Julián. Hay otros objetivos igualmente importantes, como estar satisfecho con la vida, no tener remordimientos, lograr metas y sueños, pero la felicidad es lo más esencial que realmente todos buscamos. No importa el qué, cuándo ni dónde...la felicidad es lo que cada persona quiere sentir al final de cada día. Una sensación de calma, paz, alegría y una sensación de seguridad de que todo va por buen camino.

Espero que siempre sepás cómo encontrar la felicidad en tu vida, querido Julián. Un poquito cada día, sin importar lo que pasa a tu alrededor. Porque la felicidad vive en tus adentros. ¡Y la buena noticia es que esa fuente interna de donde viene la felicidad es una fuente infinita!

Así que nada de buscar fuera, mi pequeño, que tu felicidad siempre estará con vos, justo ahí, dentro de tu corazón.

CARTA DOS
¿Porqué Nos Ponemos Tristes?

Luego existe lo opuesto a la felicidad, que es la *tristeza*.

Las sonrisas son el símbolo de la felicidad y las lágrimas el símbolo de la tristeza (aunque no siempre es así, pues podemos llorar lágrimas de felicidad. ¡Los humanos somos seres complicados y fascinantes!).

Cuando aparece la tristeza, significa que hay algo que arreglar en lo más profundo de nosotros. Esto no debería ser complicado, mi pequeño, pero a veces puede serlo, y cuando lo es, generalmente se debe a una falla en la forma en que nos comunicamos y expresamos nuestros sentimientos. Es como un teléfono que de repente se queda sin batería.

A lo largo de los primeros años de vida, nuestras únicas preocupaciones son cosas simples como "¿quién me va a dar de comer?" y "¿quién me va a cuidar?". Simple y por lo general nada de qué preocuparse, si estamos rodeados de las personas adecuadas.

Pero a medida que crecemos y envejecemos, tendemos a enredarnos con preocupaciones más profundas que pueden ser difíciles de entender y de expresar a los demás.

Cuando no hablamos sobre lo que nos entristece, la falta de comunicación destruye nuestra capacidad de ser felices, haciendo que todo lo demás en nuestras vidas se desequilibre, como un castillo de Lego que se tambalea, se vuelca y cae al suelo en mil piezas.

Cuando esto sucede, tus sentimientos (¿recordás que hablamos de ellos?) se acumulan dentro de tu pecho mientras tus pensamientos se aceleran dentro de tu cabeza. Este lío se siente excepcionalmente horrible, como si fuera el peor sentimiento del mundo, y solo nos está pasando a *nosotros* y a nadie más en la Tierra.

Este es un momento en el que la empatía es útil, porque nos ayuda a recordar que otras personas pueden sentirse tan tristes como nosotros, y también que pueden ayudarnos a salir de esa situación. Hablá, querido Julián, hablá siempre y compartí lo que sentís. La gente que nos ama está ahí para nosotros, siempre dispuestos a escucharnos y ayudarnos, nunca lo olvidés.

CARTA TRES
¿Porqué No Podemos Ser Felices Todo El Tiempo?

Bueno, eso es felicidad y eso es tristeza, mi querido Julián. Una se siente bien y la otra se siente mal.

Pero aquí está lo extraño: necesitás *ambas* para vivir una buena vida. Se llama equilibrio.

Verás, mi querido Julián. Como humanos que vivimos entre pensamientos y emociones, es importante permanecer en equilibrio. Demasiada felicidad puede provocar que no nos tomemos la vida en serio. Y demasiada tristeza nos hará no experimentar alegría, satisfacción ni esperanza.

Cuando nos desequilibramos, a menudo es por lo *que* pensamos que los *demás* podrían pensar de nosotros. Esto se llama *miedo al juicio*, y es algo terrible.

Cuando eso sucede, nuestra mente comienza a producir todo tipo de ideas sobre lo que deberíamos estar haciendo, según otras personas, en lugar de lo que queremos hacer, según nosotros mismos.

Si queremos ser felices pero sentimos que alguien nos juzgaría por ello ("¡dejá de jugar con tus juguetes, es tonto!"), se arruina nuestro sentido del equilibrio.

Si nos sentimos tristes y queremos estar solos para tratar de recuperarnos, pero nos sentimos presionados a ser felices y sociables y estar rodeados de otras personas, nos podemos llegar a sentir muy mal, sin poder decir que no, porque entonces tememos ser juzgados como "aburrido".

Con la falta de equilibrio viene mucha confusión, lo que nos hace sentir aún peor. En esa miseria mental, nuestro cerebro de alguna manera logra convencernos de todas las cosas negativas que estamos pensando sobre nosotros mismos. Loco, ¿no? Y poderoso también. Tiene un poder real sobre nuestras vidas, por lo que es una habilidad esencial el aprender a controlar esos monstruos dentro de nuestras cabezas.

Es solo a través de conversaciones valientes y veraces que descubrís que todo se pudo arreglar, y esto sucede todo el tiempo. Haciendo esto recuperarás esa sensación de equilibrio, de calma. Recuperarás la verdadera felicidad, sintiéndote ligero, seguro y de vuelta a tu propia piel.

Sí, mantener el equilibrio emocional es complicado si nos vemos atrapados en el juego del miedo al juicio, al qué dirán. La vida tiene juegos como éste, lo que puede dar miedo…¡hasta que aprendemos las reglas! Entonces se vuelve asombroso, y así sucesivamente va la vida, mi pequeño.

A temer menos y a hablar más. ¡Tu corazón siempre sabrá el camino!

CARTA CUATRO
¿Porqué es Bueno Expresar Cómo Nos Sentimos?

Cada vez que te encontrás con alguien que te hace querer sonreír sin saber muy bien por qué, es posible que estés en presencia de un *alma feliz*.

Un alma feliz es alguien que parece traer la luz del sol a tu día y siempre te hace sentir mejor con vos mismo y con todo lo demás.

Asegurate de devolverle una sonrisa, un abrazo o la forma en que querás expresar tus sentimientos. (Sé que ya lo hacés, esto es solo un recordatorio).

¡Tu sonrisa tiene un poder increíble! Sí, querido Julián, tu sonrisa es única. Puede ser como un millón de velas que iluminan todo hasta el cielo y de regreso. No se necesita más que un abrir y cerrar de ojos para hacer una sonrisa deslumbrante y derretir el corazón de otra persona.

Cuando nos encontremos con la felicidad y sus sonrisas o bien con la tristeza y sus lágrimas, siempre debemos acercarnos a esa persona regalándole una gran sonrisa e incluso un abrazo. Esto es ley de vida. Esos sentimientos tan hermosos y puros merecen siempre un abrazo. La mayoría de las veces las personas no saben que lo necesitan hasta que lo reciben, y es quizás de las sensaciones más increíbles del mundo.

¡Lo mismo aplica para nosotros mismos! Debemos amarnos, cuidarnos y elevarnos a nosotros mismos también. En la medida en que hagamos esto, podremos ser lo suficientemente equilibrados para ayudar a otros en su viaje por la vida..

Así que gracias, mi pequeño, por tener tal poder para recordarnos a todos cómo es ser genuina y simplemente feliz, solo con una sonrisa. Serás una luz de guía hacia la felicidad para todos los que encontrés a lo largo de tu vida. Estoy tan segura de eso.

CAPÍTULO 7

LO QUE LO UNE TODO

El sentimiento más importante.
La fuerza de la vida.
La verdadera razón
por la que todos estamos aquí.
El mayor maestro de todos.

CARTA UNO
¿Qué es el Amor?

Querido Julián,

El conjunto de cartas de hoy trata sobre algo tan profundo y enorme que seguramente entenderás de lo que estoy hablando dentro de poco. Se trata de un sentimiento que es verdaderamente la fuerza de la vida para todos los humanos; lo que mueve a las personas, lo que les hace leer las mismas historias y escuchar las mismas canciones una y otra vez, lo que parece sacudir el suelo bajo nuestros pies cuando algo nos llega de súbito (una ilusión y más)...Lo que hace que cualquier cosa se sienta posible en nuestras vidas.

Es, por supuesto, el amor.

El amor es difícil de explicar, mi pequeño.

Está en todas partes y en ninguna parte, todo al mismo tiempo.

Es tan solo una idea, pero también es un sentimiento, y uno muy real.

Es la más suave de las emociones, pero ha llevado imperios mundiales al colapso.

El amor tiene muchas caras, y todas llegan a nuestras vidas para enseñarnos algo esencial de nuestra existencia. Algo que necesitamos sentir y recordar. Algo que hace que valga la pena vivir la vida. Algo que debemos aprender a soltar.

El amor es una fuerza más grande que todos nosotros, pero tan íntima y especial que solo nosotros podemos sentirla, a nuestra especial y singular manera.

Es la fuerza que mueve todo hacia adelante y la razón por la cual las cosas buenas en nuestras vidas se propagan y crecen.

El amor también es la razón por la que venimos al mundo en primer lugar, querido Julián. Nacemos gracias al amor que existe entre nuestros padres, y es por eso que somos capaces de evolucionar y construir nuestras propias reservas de amor, para usar y repartir por el mundo entero.

En resumen: ¡somos amor!

Lamentablemente, la mayoría de las personas se olvidan de esto a medida que tienden a crecer. Los adultos tienen una relación incómoda con el concepto de amor …(particularmente los hombres. Aunque no es su culpa realmente sino de la sociedad en la que hemos crecido, en donde la expresión del amor y los sentimientos por parte de los hombres se ha enseñado como una debilidad, y no hay mayor mentira que ésta. ¡Porque todos tenemos sentimientos!).

El amor es complicado, difícil de manejar, pero imposible de ignorar. A veces es inconveniente. A veces es destructivo. Sólo para ayudarnos a construir de nuevo.

Pero sobre todo, es la fuente de los mejores sentimientos que jamás tendremos en nuestras vidas.

Y es a través del amor, querido Julián, que llega todo lo que hemos hablado hasta ahora sobre la felicidad, las relaciones, el respeto, la familia, uno mismo y el mundo. A veces el amor será una dicha, a veces será emocionante y, a veces, puede asustarte, entristecerte o enojarte. Y en cualquiera de estas circunstancias siempre siempre valdrá la pena.

El amor como fuerza para el bien, puede arreglar *cualquier cosa.*

Puede ser el amor de un amigo, de una pareja, de un miembro de la familia o también de extraños de buena

145

voluntad. El amor puede flotar en el aire entre las personas, o puede llenarte hasta sentir que tu corazón estalla.

El amor será tu mayor maestro, querido Julián.

Por lo general, se nos enseña que el amor es algo que dos personas comparten cuando se besan, se toman de la mano y más. Pero esa es una definición muy pequeña de lo que realmente es el amor. ¡El amor es mucho más grande que eso, mucho más grande que cualquier cantidad de palabras que podamos usar para explicarlo!

Pero intentémoslo de todos modos.

Como dije antes, el amor es la fuerza principal de la vida. Es una fuente de energía que nos impulsa hacia cosas más grandes. Es un volcán dentro de nosotros, a veces silencioso, y otras veces como una gran masa rugiente de energía y luz que barre todo a su paso. El amor es todas estas cosas.

Intentemos también otro enfoque para definir qué es el amor: ¿Qué es lo *opuesto* al amor? Te lo contaré en la siguiente carta.

Con amor,
Tía Mariana

CARTA DOS
¿Qué es lo Opuesto al Amor?

Sabés mi querido Julián, siempre pensé que cuando había ausencia de amor lo que había era odio.

Pero ahora he aprendido que *siempre* hay amor dentro de cada persona, incluso cuando ese amor está un poco nublado por sentimientos oscuros y quizás dañinos.

De hecho, cuando en ocasiones sentís que no sentís amor, en realidad puede deberse a otro sentimiento llamado *miedo*.

Cuando las personas viven con miedo (que es un hecho trágicamente común en la vida cotidiana), las personas realmente se pierden de las partes más importantes de la vida. El miedo detiene todo en seco. Comunicación. Respeto. Empatía. Todo ello queda paralizado.

Cuando parece que no podés sentir el amor es realmente porque el miedo está en el camino. Esa es una señal que te dice que es hora de pensar y analizar de dónde viene este miedo.

(El miedo puede mentir. De hecho, el miedo *suele* mentir. Nuestros peores miedos básicamente *nunca* se hacen realidad.)

Es importante saber esto, querido Julián, para que el sentimiento de falta de amor no te deje sin esperanza y confundido. Que el miedo no se apodere de vos ni controle tu vida, mi pequeño. Cuando eso sucede, nunca es culpa tuya ni de nadie más (¡recordá, no juzgués!), pero se *puede* evitar.

Si alimentás las relaciones amorosas en tu vida (empezando por la tuya propia), si demostrás amor a los demás, y lo pedís con naturalidad, si tratás al mundo con respeto, empatía y comprensión, y si tratás de buscar la felicidad en todo lo que hacés, el amor se multiplica y el miedo se desvanece.

Todo se reduce al amor, ¿podés verlo?

Como he dicho antes y seguiré diciendo a lo largo de todo este libro (y del resto de mi vida), el amor es la fuerza más grande que lo mueve todo. El amor es probablemente la cosa más extraña, profunda, aterradora, mágica y reconfortante de nuestras vidas, y es el trabajo de toda una vida entenderlo y aprender a sentirlo, palparlo y vivirlo en cada cosa y cada momento.

Algunos dicen que siempre debemos pensar con el cerebro y nunca con el corazón (lo cual es una forma agradable de decir "pensar sin emoción") pero a eso diré siempre "¡No!". Esa es una forma terrible y triste de vivir, y te deja expuesto a vivir desde el miedo. En cambio, dejá que tu corazón y tu cerebro te hablen y te guíen. Sin duda forman un gran equipo, pero también deben poder pensar y sentir por sí mismos. El cerebro te dirá unas cosas y el corazón otras. Y finalmente tu intuición te dará siempre la dirección correcta. ¡Es todo un gran equipo!

Quiero decirte, mi querido Julián, que deseo que jamás tengás miedo de demostrar, expresar, sentir, querer, pedir y dar amor, mi pequeño. Es tu mejor aliado y tu mejor apoyo contra las cosas difíciles de la vida, y simplemente el mejor sentimiento que siempre tendrás para guiarte en este gran recorrido llamado Vida.

CARTA TRES
¿Cómo Podemos Usar el Amor Todos los Días?

Después de todo, creo que la vida se trata simplemente de esto, querido Julián:

Pensá en el amor como el contenido de una regadera, y pensá como si fueses una hermosa flor blanca y morada, como la orquídea de tu cocina.

Mientras la flor siga recibiendo agua, seguirá siendo hermosa, creciendo con toda su alegría.

Si se seca, perderá sus colores y su belleza.

Si olvidamos llenar la regadera, u olvidamos usarla regularmente, la flor podría secarse y morir.

Cuando te "riegan" adecuadamente a medida que crecés, crecerás fuerte y alto, y siempre tendrás tu belleza interior y exterior para compartir con el mundo.

El amor es lo único que la gente nunca rechazará, querido Julián, incluso en las situaciones más difíciles. El sentimiento de amor siempre vendrá y se irá de diferentes maneras, y la gente siempre reconocerá ese sentimiento. Cualquiera que sea la reacción de la gente ante el amor, siempre debés ser genuino y veraz en tus sentimientos, porque el amor es lo que hará que tu vida avance.

El amor te mostrará la vida en un sinfín de colores. A veces brillante y amarillo, a veces naranja y nostálgico, a veces azul y triste, a veces gris y acogedor, a veces negro y emocionante.

Amá siempre libremente y dejate amar.

Este último tendemos a olvidarlo pero es tan vital como dar amor. ¿Recordás que dije "los humanos son amor"? Imaginá un pozo en el bosque. Ese pozo está lleno de amor. Si el pozo está vacío, ¿cómo podremos sacar amor del pozo para dar a los demás? Pues los humanos somos ese pozo, un pozo de amor. Y dado que el amor es la fuerza principal de la vida, debemos asegurarnos en todo momento de que nuestro pozo esté bien lleno para que todos podamos continuar difundiendo el amor a todo alrededor. El amor hace que todo y todos crezcan, ¡Como la flor!

Seguí tus corazonadas cuando aparezcan, querido Julián. Se llama intuición y será tu mejor guía, tu GPS interior. Digamos que el amor es el mundo y la intuición es tu mapa. Realmente deseo que crezca tu deseo de explorar, porque explorar te llevará a donde está el amor. Tu propio pozo, fuente de constante crecimiento.

Solo compartir esto con vos me hace sentir emocionada y casi desesperadamente ansiosa por verte explorando la vida, el mundo, a nosotros y a vos mismo a medida que crecés, mi querido Julián.

En este punto, puedo ver algunas cosas que realmente disfrutás, puedo detectar un par de pistas sobre tu dulce personalidad, así como pequeños fragmentos de tu hermosa alma y aunque parece poco aún, es suficiente para sentir que quiero mostrarte el mundo entero y contarte un sinfín de historias sobre cuán hermosa es realmente la vida, sin importar las luchas que enfrentemos. Las luchas suenan aterradoras, pero son solo lecciones que aprendemos, como las que te enseñan en la guardería. Porque la vida sucede tal y como la vemos. La vida se trata de la actitud que tenemos, de la calma, la felicidad y la paz interior que vive en nuestro interior. Esto se refiere a los sentimientos de nuevo. ¿Ves cómo todo va encajando?

Si estamos tristes, un día entero puede pasar sintiéndose como el peor día de todos. Si estamos felices, un día entero puede pasar sintiéndose como el mejor día de todos. Pase lo que pase todos los días, siempre podés elegir cómo querés sentirte, cada minuto, cada segundo.

¡Cambiar para bien está a solo un pensamiento de distancia y tu vida puede cambiar inimaginablemente!

Así son la vida y el amor, mi querido Julián, y esta es la regla de oro que debemos recordar y conservar:

Amarnos tanto a nosotros mismos y a nuestros seres queridos, que no haya motivo ni duda que nos impida vivir lo mejor posible. Amar y permitirnos ser amados con tanta sinceridad que no quede lugar para la culpa, la vergüenza o la falta de comunicación. Cuando es real, el amor solo encontrará la manera de fluir.

Amate a vos mismo y a cualquiera que te haga sentir amor.

Permití que el amor entre y salga de vos, dejá que fluya a través tuyo.

No temás al amor y aprendé a escucharlo. El amor no tiene límites ni final, si tan solo se lo permitimos.

Y todo comienza dentro de vos, mi niño. Ámate mucho siendo agradecido y orgulloso de quién sos. El amor comienza allí y desde ese punto en adelante solo se expandirá. Y cuando el amor se expanda, recibirás una ola gigante y constante de abundancia a lo largo de todo tu ser y toda tu vida.

¡Adelante, entonces!

Pd: Te amo enormemente, mi pequeño.

CAPÍTULO 8

ESTA COSA QUE LLAMAMOS VIDA

Sobre este viaje único.
El que nos permite evolucionar
y convertirnos en nuestra
mejor versión todos los días.
El viaje más importante de todos.

¡Hemos Llegado!

Bueno, mi querido Julián, es hora de concluir ésta pequeña guía de la vida por la que hemos estado transitando juntos durante estas hermosas páginas. ¡Amo tu compañía!

¿Y qué hemos aprendido?

Bueno, hemos aprendido que la vida es algo interesante de lo que hablar. También es probablemente un tema extraño del que hablar, pero si mezclás esas dos cosas, obtendrás algo *fascinante*.

(Espero que estés de acuerdo). Esto es lo que hemos cubierto.

1. Cómo Comienza Todo

Venimos de la nada, y de repente nos convertimos en esta persona plena y amorosa que come y respira (y hace pis y popó). Somos capaces de pensar, sentir, aprender y experimentar emociones y pensamientos. Parecemos *ser* complicados, pero realmente no lo somos. (Diría que somos *mágicos*.) Nuestro crecimiento ocurrió automáticamente y casi sin esfuerzo, gracias al complejo sistema que llamamos "nuestro cuerpo" - y ahora aquí estamos, querido Julián, disfrutando de todo lo que podés hacer y aprendiendo cómo ser un buen y feliz ser humano.

Debemos cuidar este cuerpo, amarlo y estar agradecidos por la oportunidad de convertirnos en la persona en la que nos estamos convirtiendo, porque nuestros cuerpos,mentes y sentimientos nos llevarán a lugares increíbles, a experimentar las cosas más espectaculares y conocer a las personas más interesantes. (Incluyendo por supuesto a mamá, papá y familiares, amigos, y cualquier persona que se interese hermosamente por vos).

Amá a todos tanto como ellos te aman a vos, mi dulce niño, porque eso es lo que hace que un buen ser humano crezca más fuerte, más feliz y saludable en mente, cuerpo y alma.

2. Cómo Vivir

A medida que crecemos, sucederán cosas asombrosas, aunque no todas tan cómodas. Pero no te preocupés si te enfermás o tenés hambre, o si sentís una necesidad abrumadora de usar el baño. Esta es la forma en que tu cuerpo avanza y te mantiene saludable, y vale la pena confiar en ello. (Y cuando tu cuerpo esté bajo demasiada presión, bueno, para eso están los médicos).

Sé curioso. Respeta tu entorno. Encuentra la magia en la vida, fluí con tu corazón. Seguí tu instinto para aprender, mi pequeño. La vida se hace sobre la marcha, con cada paso, con cada decisión que tomamos. El cambio es y será siempre una constante en nuestra vida, y con él vienen una serie de experiencias útiles que se convertirán en lecciones para que continués tu viaje.

Viví la vida tratando de disfrutarlo todo, aprender de todo y encontrar lo bueno en cada situación, querido Julián, en cualquier lugar y circunstancia. ¡Lo que das al mundo siempre volverá a vos!

3. Cómo Ver el Mundo

Querido Julián, conocé tus raíces pero abrí tus alas. Volá por un tiempo para aprender dónde realmente está tu hogar. Explorar es una parte esencial de la vida. Explorà lugares, personas, a vos mismo y más, mi niño. Explorá y perdete porque es así que encontrás el camino correcto hacia quien sos, hacia lo que más querés y hacia lo que necesitás para seguir evolucionando.

El hogar es donde están mamá y papá, pero también habrán otros lugares, personas y cosas. Y está bien. Tener dos hogares (o más) está *bien*. Esos son regalos que te da el ir a explorar el mundo.

No luchés, date permiso de salir, tocar cosas, oler todas las flores, comer todos los alimentos, conocer gente nueva, crear nuevos recuerdos todo el tiempo. Todo eso te permitirá descubrir quién sos en cada momento, en cada etapa de la vida. El mundo es enorme y lleno de riqueza, bondad y más. Y cuanto más experimentamos, más formas aprendemos de quién somos y de cómo ayudarnos unos a otros. De eso se trata la vida. Crecé con ella, evolucioná con élla.

4. Cómo Estar Rodeado de Gente

Todo se *trata* de la gente, mi querido Julián. Las personas con las que crecemos y las personas que elegimos a medida que avanzamos por la vida. Las personas son lo que le da sentido a este juego. Las personas son lo que vale la pena. Las personas en todas partes son nuestros mejores maestros, sin importar su edad, género, color, idioma, lugar de residencia o creencias. Mostrá siempre respeto, gratitud, amor y una sonrisa, mi pequeño. Sé siempre amable y descubrirás que el mundo también puede ser realmente amable con vos. Somos alrededor de 7 mil millones de personas en el mundo y todos estamos viviendo una historia única. Todos tenemos alegrías y luchas, todos tenemos una circunstancia con la que convivir. Somos demasiados, pero todos importantes. Mirá más allá de las trivialidades de la vida humana y descubrí cuán especiales somos todos.

¡Esta es probablemente la mejor oferta de la vida, mi pequeño!

5. Cómo Comunicarnos

Lo que hace especial a la gente es que somos capaces de *compartir*.

Ya sea una palabra, un abrazo o una mirada, la comunicación es lo que nos permite aprender unos de otros, expandir nuestra experiencia del mundo a través de los demás y finalmente poder crecer internamente y ayudarnos unos a otros. Dado que todos estamos viviendo una vida y tratando de vivirla lo mejor que podemos, debemos hablar y compartir con respeto el uno por el otro. La vida es un viaje de una sola persona en primer lugar, pero no podemos vivir esa vida solos. La calidez, el cuidado y el amor que todos necesitamos para evolucionar solo provienen de la comunicación.

La razón de tanto sufrimiento en el mundo es la falta de comunicación, mi pequeño. Tenemos miedo de ser rechazados y juzgados, así que nos reprimimos. Solo se necesita un paso valiente para abrirse y descubrir que en el fondo todos tenemos los mismos sentimientos, deseos, alegrías y pensamientos. Solo cuando elegimos abrirnos de adentro hacia afuera, la vida se vuelve verdaderamente especial, significativamente real y vale la pena infinitamente todas las luchas que experimentamos en el camino.

No nacimos para estar solos y en silencio. Ciertamente vinimos aquí para disfrutar, crecer, expandirnos y difundir la fuente más esencial de nuestra energía. Hacer que todos los que nos rodean vibren en la misma frecuencia y se expandan también con ella. La comunicación hace eso. Abrazá, sonreí, mirá, hablá, escribí, crea, bailá todo lo que te guste, mi querido Julián. ¡El espacio para comunicar y crear es infinito!

6. Cómo Ser Feliz

La felicidad es un sentimiento profundo y verdadero que te enseña a sentirte bien en tu propia piel, querido Julián. La felicidad es cuando estás en paz con vos mismo. Aceptás tu vida, lo que tenés, y estás agradecido por lo que sucede todos los días.

Ser feliz viene de ser humilde y de mostrar amor y respeto. Al amar y respetar tu cuerpo y tu mente como lo harías con los de cualquier otra persona, invitás a la felicidad a tu vida. Felicidad es un sentimiento que *elegís* todos los días, incluso en el día más difícil, aceptando lo que es y permitiendo que la imperfección y las cosas indeseables sean parte de tu vida, porque todo pasará, lo malo *y* lo bueno. Atesoralo todo, mi pequeño.

Al final del día y al final de nuestro viaje, todo lo que nos queda es nuestro corazón. Sé positivo, compartí la positividad, buscá siempre lo mejor de vos mismo. Amá siempre y tratá de perdonar. Siempre sé agradecido a primera hora de la mañana y a última hora de la noche, sin importar lo que haya pasado ese día. Sonreí siempre, encontrá razones para sonreír cada día y buscá hacer sonreír a los demás. Es como una forma contagiosa de medicina. (No he encontrado nada más efectivo que esto en todos mis años de ser médico.)

La felicidad es lo que vinimos a encontrar aquí, mi pequeño. Tendemos a buscarlo fuera de nosotros mismos, pero eventualmente solo lo encontramos cuando estamos felices por *dentro*.

7. Cómo Amar

Este es el gran secreto, querido Julián.

Constantemente se nos enseña a amar y a buscar "al indicado", una persona que nos complete. Pero resulta que no existe la persona ideal que nos complete. En realidad nadie debe completarnos, sino que debemos llegar a sentirnos completos nosotros mismos. Y así el resto de personas que nos aman a lo largo de la vida, como nuestra mamá, papá, hermano, hermana, sobrinos, abuelos, tíos y tías, amigos, socios y, a veces, incluso extraños con los que nos reunimos, serán personas que nos aportarán desde fuera a nuestra propia felicidad, y nosotros a ellos.

El amor es lo único que lo une a todo y a todos. Cuando entendés el amor sin condiciones, entendés que no hay fronteras; lo que hay es respeto. Si te respetás, sabrás amar y dejar que el amor llegue a vos. Si te amás, te comprendés y te conocés, podrás mostrar a los demás el camino del amor. El amor es el pegamento de la vida. El amor es la luz de este viaje. El amor es lo que te guía, y viene a través de tu propia experiencia, del mundo y de las personas a medida que nos comunicamos, respetamos y compartimos unos con otros. ¿Ves? Todo se une maravillosamente, y esto es a lo que llamamos Vida.

¡Bienvenido a este, tu Hogar Terrenal, mi querido Julián!

Que ésta guía sea una luz para vos y para todos nosotros también. Porque la vida como un viaje tal como es, nos llevará a través de microviajes impensables, inesperados y sorprendentes de muchos tipos. Que esta pequeña guía sea luz durante toda tu vida. Estoy segura de que será útil por siempre, ya sea que tengás 5 años u 85 años. Ésa es la belleza de todo ésto. La vida es sólo un hermoso viaje de lecciones, experiencias y recuerdos que atesoraremos por la eternidad.

¡Vé y hacé de viaje uno increíble y maravilloso!

Te amo eternamente, mi querido Julián.

Con amor,
Tía Mariana

EPÍLOGO

Gracias mi amado y pequeño Julián,

Porque sin tu presencia en éstos últimos 12 meses, no hubiera podido ver el milagro de la vida y la maravilla del ser humano; la alegría de lo que nos hace quienes somos a través de todos los pequeños detalles de nuestra experiencia tan única, y de las cantidades infinitas y más puras de amor que nos rodean y que viven dentro de cada uno de nosotros.

Es gracias a vos que redescubrí mi valor, mi lugar en ésta familia, nuestra familia y en el mundo. ¡Es un gran descubrimiento, mi pequeño! Por loco que parezca, éstas cosas pasan, a veces nos olvidamos de nuestro propio valor con el paso de la vida. Pero gracias a experiencias y a personas como vos, todos tenemos la oportunidad de redescubrirnos y recordar nuestro valor.

Han sido doce meses de verte crecer y convertirte en una nueva versión de vos mismo cada día; de intentar y nunca rendirte después de cada caída, cada tropiezo, o después de esos momentos en que tu perrito Mac se te acerca con tanta energía y emoción que te asusta durante unos segundos. Parece que nunca pensás en ninguno de éstos pequeños tropiezos como fracasos, y eso es lo que encuentro más inspirador en éste momento de mi vida. ¡Gracias Juli!

La posibilidad que todos tenemos de elegir nuestra propia experiencia de vida es extremadamente poderosa.

He estado a tu lado estos doce meses porque elegí hacerlo y porque la vida me trajo de vuelta a casa en éste momento por una razón. Empecé a pensar y a darme cuenta de que, sin saberlo, necesitaba tu experiencia de vida, de principiante frente a mí durante este tiempo para aprender de nuevo cómo disfrutar y permitir que la vida fluyese de nuevo en mí.

Verte como simplemente vivís, admirándote y haciéndome pensar en cómo todos hemos pasado por esa etapa llena de esfuerzo y asombro que parecía tan natural, me ha cambiado por completo y para siempre, mi querido Julián. Tu pequeño y alegre ser ha traído una sensación de asombro y confianza que había perdido en el camino de hacer mis sueños realidad. Que esto también sea un recordatorio para vos (y para todos los que lean esto) cuando crezcás para nunca olvidar cómo la vida siempre tendrá altibajos. Al igual que cuando aprendemos a caminar o hablar, deseo que nunca consideremos esas bajas como fracasos - eso realmente puede dañar la forma en que nos vemos a nosotros mismos. La verdad es que no es cierto. No hay fracasos; ese sentimiento es solo resultado de ciertos miedos y prejuicios que adoptamos mientras crecemos, y afortunadamente son cosas que podemos modificar. Nunca jamás debemos permitirnos sentirnos juzgados por los demás o por nosotros mismos. Vivimos y actuamos lo mejor que podemos, siempre con la bondad en la mano en cada momento y con amor en nuestros corazones.

Gracias, mi dulce niño, porque has cambiado y nos has cambiado. Y estoy segura de que seguirás haciéndolo. Esto es sólo el comienzo, ¡uno de muchos! Porque la vida es esto: cambio. Todos seguiremos evolucionando y cada día, mes y año nos convertimos en una nueva y mejor versión de nosotros mismos. Lo hicimos en el vientre de nuestras madres y luego en la luz cuando nacimos. Somos naturalmente expertos en cambiar y evolucionar, pero como humanos tendemos también a olvidar.

Que esta última nota de agradecimiento sea un recordatorio para todos nosotros, y aún más para vos, mi querido Julián, que la vida será muchas, muchas cosas y, a través de todo, siempre continuaremos descubriendo algo nuevo en nosotros mismos. Porque mientras te sintás bien en tu propia piel, serás tan amado, tan apoyado y siempre alentado para poder hacer cualquier cosa que querás hacer, sin importar cuán lejos o cerca, cuán grande o pequeño sea. La vida es la mezcla perfecta de confianza, fé, amor propio y acción.

¡No puedo esperar a ver tus versiones futuras, mi pequeño! ¿En quién te convertirás a medida que avanzás? Me hace sentir llena de emoción, amor y esperanza por vos. Gracias, porque poder vivir todo esto (tu vida) tan de cerca ha sido algo espectacular y especial, un continuo estallido de felicidad para mí.

Ciertamente me has dado el regalo más grande de todos: el regalo de redescubrir mi propia vida con su sentido de asombro, de curiosidad, de felicidad y de gratitud por las cosas más pequeñas, así como la persistencia *para vivir la vida como es*, en su mejor momento. Me has inspirado en un momento difícil de mi vida a nunca rendirme, a nunca dejar de amar y sonreír porque siempre hay una razón para hacerlo. Sos vida y me has dado vida, como estoy segura de que lo has hecho con todos los que te rodean. Sos y seguirás siendo una bendición andante, sonriente y amorosa por siempre.

Gracias por hacerme recordar mi esencia, y por inspirarme (y a todos nosotros) a redescubrirla diariamente a partir de este momento. Esta es mi promesa para vos, querido Julián. Seguir encontrando siempre mi mejor versión para así poder dar lo mejor de mí al mundo y a la vida.

Y estoy feliz de compartirlo con vos para que podás hacerlo por siempre también.

Con todo el amor del universo para vos,
Tía Mariana

Fin

¡Feliz Viaje Mi Querido Julián!

Printed in Great Britain
by Amazon